metafísica

G239m Garrett, Brian.
          Metafísica: conceitos-chave em filosofia / Brian Garrett ; tradução
       Felipe Rangel Elizalde. – Porto Alegre : Artmed, 2008.
          192 p. ; 23 cm.

          ISBN 978-85-363-1460-0

          1. Metafísica. I. Título.

          CDU 11

    Catalogação na publicação: Mônica Ballejo Canto – CRB 10/1023.

metafísica
CONCEITOS-CHAVE EM FILOSOFIA

Brian Garrett
Senior Lecturer in Philosophy at the Australian National University, Australia

Tradução:
Felipe Rangel Elizalde

Consultoria, supervisão e revisão técnica desta edição:
Maria Carolina dos Santos Rocha

Professora e Doutora em Filosofia Contemporânea pela ESA/Paris e UFRGS/Brasil
Mestre em Sociologia pela Escola de Altos Estudos em Ciências Sociais (EHESS)/Paris

artmed®

2008

Obra originalmente publicada sob o título *What is this Thing Called Metaphysics?*
ISBN 978-0-415-39392-8

© First published 2006 by Routledge, 2 Park Square, Milton Park, Abingdon, Oxon OX14 4RN

Simultaneously published in the USA and Canada by Routledge, 270 Madison Ave, New York, NY 10016
All Rights Reserved.
Authorised translation from the English language edition published by Routledge, a member of the Taylor & Francis Group

Capa: *Paola Manica*

Preparação do original: *Elisângela Rosa dos Santos*

Leitura final: *Edna Calil*

Supervisão editorial: *Mônica Ballejo Canto*

Editoração eletrônica: *Luciane Delani*

Reservados todos os direitos de publicação, em língua portuguesa, à
ARTMED® EDITORA S.A.
Av. Jerônimo de Ornelas, 670 - Santana
90040-340 Porto Alegre RS
Fone (51) 3027-7000 Fax (51) 3027-7070

É proibida a duplicação ou reprodução deste volume, no todo ou em parte, sob quaisquer formas ou por quaisquer meios (eletrônico, mecânico, gravação, fotocópia, distribuição na Web e outros), sem permissão expressa da Editora.

SÃO PAULO
Av. Angélica, 1091 - Higienópolis
01227-100 São Paulo SP
Fone (11) 3665-1100 Fax (11) 3667-1333

SAC 0800 703-3444

IMPRESSO NO BRASIL
PRINTED IN BRAZIL
Impresso sob demanda na Meta Brasil a pedido de Grupo A Educação.

"o objeto de uma educação liberal é produzir
o espírito perfeito . . . enquanto uma educação vocacional
é um treinamento para o trabalho, uma educação liberal
(se ela deve de algum modo ser considerada
como um treinamento) é um treinamento
para o ócio; ela ensina, na expressão de Pattison, a arte de viver:
ela instrui um homem a como viver e mover-se no mundo
e a considerá-lo respeitosamente como convém a um ser civilizado."
John Sparrow, *Mark Pattison
and The Idea of a University*
(Cambridge: Cambridge University Press) 1966

"Exclua palavras desnecessárias."
W. Strunk and E. B. White, *The Elements of Style*
(Toronto: Mcmillan) 1970

Prefácio

Comecei a escrever este livro durante uma licença da Australian National University (ANU), na primeira metade de 2005. Sou grato à ANU pelo período em que estive dispensado do ensino. Em seminários subseqüentes na ANU, trabalhando em esboços de capítulos, recebi a colaboração crítica dos meus colegas. Agradeço especialmente a Jeremy Shearmur e Peter Roeper, assim como a Havi Carel e Udo Thiel. Agradeço também a todos os estudantes graduados que assistiram aos seminários: David Wall, Peter Grundy, Peter Eldridge-Smith, Luc-Small, Paul Miller e Matt Cox.

Sou grato ao editor de filosofia da Routledge, Tony Bruce, por seu encorajamento; a Priyanka Pathak, o editor executivo, por seus conselhos e comentários; e a Tim Crane por colocar-me em contato com Tony. Realizei uma série de revisões tendo em vista a avaliação crítica de três examinadores da Routledge. Além disso, meu ex-aluno Robert Nichols fez uso de sua caneta editorial com característica incisividade; John Gregory lançou um olhar de funcionário público sobre todo o texto; e Thomas Mautner permitiu-me contar com o seu extenso conhecimento de história da filosofia.

Em uma tentativa de tornar este livro tão acessível quanto possível, a Routledge sugeriu um formato no qual cada capítulo está repleto de caixas de conceitos, perfis de filósofos, citações-chave, explicações de termos, questões para estudo, leituras recomendadas e pesquisas na internet. Acreditamos que o leitor irá considerá-los úteis. Porém, se quaisquer expressões ou palavras-chave ainda estiverem obscuras, eu recomendo entusiasticamente o *Dictionary of Philosophy*, de Thomas Mautner (segunda edição, Londres: Penguin, 2005), como um auxílio indispensável à compreensão ulterior desses termos.

Sumário

PREFÁCIO vii
INTRODUÇÃO 11
    1 DEUS 15
    2 EXISTÊNCIA 33
    3 UNIVERSAIS E PARTICULARES 49
    4 CAUSAÇÃO 63
    5 TEMPO: A QUESTÃO FUNDAMENTAL 79
    6 TEMPO: TRÊS ENIGMAS 93
    7 LIVRE-ARBÍTRIO 109
    8 IDENTIDADE PESSOAL 127
    9 REALISMO E ANTI-REALISMO 145
GLOSSÁRIO 161
NOTAS 171
ÍNDICE 185

Introdução

Quando Andrônico de Rodes editou as obras de Aristóteles, no primeiro século a.C., ele colocou os livros que tratam da "Filosofia Primeira" depois daqueles que tratam da física, e, por isso, eles foram chamados *metafísica*.* Aristóteles caracterizava sua "Filosofia Primeira" como o estudo do ser enquanto (*qua*) ser. Essa caracterização, embora enigmática, captura um aspecto da metafísica: seu anseio por generalidade. Ao metafísico interessa investigar as características mais gerais e ubíquas da realidade (por exemplo, existência, espaço, tempo, causação, objeto, propriedade). Porém, a investigação metafísica não é sempre completamente geral. Ela também inclui a investigação de tópicos mais específicos, como o livre-arbítrio e a identidade pessoal.

Ao conduzir sua investigação, os metafísicos contam com uma série de dados e técnicas: pensamento rigoroso, análise conceitual, investigação empírica e métodos formais da lógica e da matemática. Resultados empíricos e técnicas formais são mais relevantes para alguns tópicos metafísicos do que para outros. Por exemplo, resultados empíricos são relevantes para o debate sobre a natureza do espaço e do tempo, enquanto técnicas formais são relevantes para o debate entre realismo e anti-realismo. Entretanto, questões de metafísica raramente são solucionadas apenas por resultados empíricos, ou pelas técnicas puramente formais da lógica e da matemática. Poderíamos ver as questões metafísicas como um espectro com algumas questões que se situam na extremidade mais abstrata ou *a priori* e outras na extremidade mais cientificamente relevante.

O melhor modo de avaliar o caráter da metafísica é envolver-se em disputas metafísicas específicas. Neste livro, eu tentei introduzir os tópicos centrais da metafísica de um modo claro e acessível, despreocupado com os detalhes que tendem a embaraçar os periódicos de filosofia. Freqüentemente eu tomarei uma posição em relação a algum assunto.

---

* N. de T. Do grego *meta ta physika*, "depois da física".

Porém, quando o fizer, sempre apresentarei minhas razões, e o leitor é livre para discordar. No restante desta breve introdução apresento, em linhas gerais, os principais tópicos de cada capítulo.

No Capítulo 1, examinamos os três argumentos tradicionais em favor da existência de Deus – os argumentos ontológico, cosmológico e teleológico, respectivamente – e um bem-conhecido argumento contra a existência de Deus – o argumento do mal. A discussão introduz noções modais (as noções de possibilidade e necessidade), em particular a noção de um ser necessário e faz uso delas.

No Capítulo 2, examinamos uma série de questões concernentes à existência. J.L. Austin uma vez disse espirituosamente que a existência era "como uma respiração, apenas um pouco mais silenciosa". É difícil acompanhar essa observação. Entretanto, nesse capítulo discutimos a doutrina do realismo modal (a visão segundo a qual outros mundos possíveis e entidades possíveis existem exatamente como o nosso mundo e seus habitantes existem); examinamos algumas respostas à velha charada "por que existe algo em vez de não existir nada?"; examinamos também a concepção segundo a qual há objetos não-existentes; e, finalmente, abordamos a questão de saber se a existência é uma propriedade dos objetos ordinários (tais como a respiração) ou não. Nossa discussão leva em conta alguma lógica elementar e revela várias conexões entre esses quatro tópicos.

O Capítulo 3, ocupa-se do clássico e velho componente do cardápio metafísico: o problema dos universais. Tendo em vista elucidar a natureza das propriedades e as (alegadas) diferenças entre propriedades particulares, precisamos conceber as propriedades como universais (idênticos em suas instâncias)? Os realistas respondem "sim" a essa questão; os nominalistas respondem "não". Consideramos algumas objeções às variedades usuais de realismo e nominalismo. Também examinamos uma versão relativamente recente do nominalismo – a teoria do tropo –, que subverte o modelo tradicional e concebe as propriedades como um tipo particular.

No Capítulo 4, voltamos nossa atenção para a causação. Depois de abordar várias questões preliminares – por exemplo, acerca dos tipos de entidades que podem ser causas e efeitos, a direção temporal da causação, as propriedades lógicas da relação causal –, formulamos a questão metafísica fundamental: o que é a relação causal? O que é a conexão entre dois eventos de modo que um causa o outro? Examinamos duas respostas reducionistas a essa questão: a resposta de Hume, segundo a qual a causação é uma questão de conjunção constante, e a resposta de

Lewis, segundo a qual a causação é uma questão de dependência contrafactual. Examinamos ainda uma resposta não-reducionista: a concepção segundo a qual a causação é uma espécie irredutível de necesidade natural.

O Capítulo 5 é sobre o tempo. Como J.M.E. McTaggart assinalou no ínicio do século passado, as posições no tempo podem ser distinguidas de dois modos diferentes. Os eventos podem ser situados na série B (uma série que é ordenada pelas relações "antes de" e "depois de") ou na série A (e ordenados como passado, presente ou futuro). As posições na série B são permanentes; as posições na série A mudam constantemente. O teórico da série A vê as determinações da série A como fundamentais para o tempo; o teórico da série B considera as determinações da série B fundamentais. McTaggart pensava ter objeções decisivas a ambas as teorias e concluía alegremente que o tempo é irreal. Poucos seguiram o percurso heróico de McTaggart, mas ainda existe um debate vivo e, em geral, cientificamente informado entre os teóricos do tempo que argumentam em favor da série A ou da série B.

No Capítulo 6, consideramos alguns problemas subsidiários sobre o tempo. O fato de que temos atitudes temporalmente orientadas (por exemplo, dar graças a Deus quando uma experiência dolorosa passou, e não quando ainda está por acontecer) fornece um argumento em favor da teoria do tempo que se baseia na série A? É uma verdade necessária, como tantos filósofos sustentaram, que não pode existir nenhum tempo sem mudança? Finalmente, é possível viajar para o passado?

O Capítulo 7 ocupa-se com vários desafios à crença do senso comum segundo a qual somos dotados de livre-arbítrio. O fatalista argumenta, em bases puramente lógicas, que a liberdade é uma ilusão: não podemos fazer outra coisa senão o que fazemos realmente. Deterministas radicais, como eles são chamados, argumentam que o livre-arbítrio e o determinismo são incompatíveis e que, como o determinismo é verdadeiro, não temos livre-arbítrio. Os argumentos do fatalista e do determinista são submetidos a um escrutínio minucioso. Outros sustentam que o livre-arbítrio requer um tipo de autodeterminação que é logicamente insatisfatório e, portanto, a noção de livre-arbítrio é incoerente.

No Capítulo 8, abordamos as questões que indagam o que é característico das pessoas e o que é ser a mesma pessoa através do tempo. A metodologia empregada baseia-se fortemente em experimentos de pensamento imaginários e em nossos juízos intuitivos acerca de quem é quem nesses experimentos de pensamento. Esse método tem seus limites, mas, dentro desses limites, ele pode ajudar a decidir entre teorias rivais da identidade pessoal. Assim como ocorre com a causação, as teorias da identidade pessoal podem ser divididas em variedades reducionistas e não-reducionistas. Todas as teorias reducionistas são submetidas ao exame crítico detalhado, e uma teoria não-reducionista – a teoria simples – é apresentada para consideração.

O Capítulo 9 ocupa-se com a variante moderna de um velho debate. A disputa realista *versus* a anti-realista é uma das mais antigas da metafísica. Nos anos de 1960, o filósofo oxfordiano Michael Dummett propôs um novo modo de conceber o debate. Considerando várias idéias do último Wittgenstein concernentes à natureza pública do significado, Dummett sugeriu que entendêssemos o realismo como uma concepção sobre o significado. Um realista em relação a Fs (outras mentes, o passado, a matemática, etc.) é alguém que sustenta que, em virtude do significado de sentenças envolvendo Fs, os enunciados sobre Fs são determinadamente ou verdadeiros ou falsos, o que independe do fato de jamais podermos vir a conhecer o seu valor de verdade. O anti-realista em relação a Fs nega tal determinação do valor de verdade. Ainda nesse capítulo, consideramos a motivação para o anti-realismo, o caráter dos seus compromissos e examinamos um argumento técnico que questiona sua própria coerência.

1

Deus

INTRODUÇÃO

Uma das mais antigas questões metafísicas é: Deus existe? Ao discutir essa questão, entendemos "Deus" no sentido filosófico clássico de um ser que é todo-poderoso (**onipotente**), todo-cognoscente (**onisciente**) e completamente bom. Neste capítulo, examinaremos três dos argumentos mais conhecidos em favor da existência de Deus e um argumento habitual contra a sua existência. Os argumentos em favor da existência de Deus são conhecidos como os argumentos ontológico, cosmológico e teleológico, embora existam muitas versões para cada um deles. O argumento contra a existência de Deus é o argumento do mal.

O argumento ontológico tenta provar a existência de Deus somente por meio da razão. Trata-se de um argumento puramente *a priori*. A idéia é que simplesmente pela apreensão do conceito ou da idéia de Deus, juntamente com uma compreensão do que essa idéia acarreta, nós podemos provar que Deus existe. O argumento ontológico prentende, portanto, ser uma prova dedutivamente válida da existência de Deus a partir de premissas conhecidas *a priori*. Ele é projetado para ser tão cogente e inevitável quanto qualquer prova encontrada em lógica e matemática.

Os argumentos cosmológico e teleológico não são baseados em premissas conhecíveis *a priori*, mas em premissas empíricas, **contingentes**. O argumento cosmológico parte do fato de que o universo ao nosso redor existe. E continua: visto que a existência do universo é contingente (poderia não existir nada, em vez de existir algo), deve haver um **ser necessário** ou não-contingente que criou o universo.

O argumento teleológico (ou argumento do desígnio) também procede a partir de uma premissa empírica: não a premissa de que o universo existe, mas a premissa mais específica de que o universo contém entidades maravilhosamente complexas, tais como flores e olhos e cérebros, cuja existência, alega-se, dá sustentação à hipótese de um criador benigno e amoroso. Tais maravilhosas entidades muito provavelmente vieram a existir por desígnio, não por acaso. Note-se que esse argumento não tem caráter dedutivo. A alegação não é que a existência de estruturas complexas tais como olhos e cérebros implica logicamente a existência de Deus, mas somente que a existência dessas estruturas torna razoável acreditar que Deus existe. A postulação de um criador divino explica melhor a existência dessas estruturas.

Um importante argumento contra a existência de Deus é o argumento do mal. Este é um argumento contra e existência de Deus, concebido como todo-amoroso, todo-cognoscente e todo-poderoso. O argumento do mal alega que a existência do mal é incompatível com a existência de Deus. Uma versão mais fraca, evidencial, desse argumento defende apenas que a existência do mal fornece evidência contra a existência de Deus e conclui, dado o predomínio do mal, que é irracional acreditar em um Deus amoroso.

O ARGUMENTO ONTOLÓGICO

Houve muitas versões diferentes do argumento ontológico através da história da filosofia, mas a primeira e mais discutida é aquela que foi apresentada no século XI por Santo Anselmo, Arcebispo de Cantuária, em seu *Proslogion*. Aqui está um parágrafo central a partir do qual podemos reconstruir o seu argumento:

> Assim, mesmo o insensato é convencido de que algo em relação ao qual nada maior pode ser concebido está no entendimento, visto que, quando ele ouve isso, ele o entende; e tudo o que é entendido está no entendimento. E certamente que aquilo em relação ao qual nada maior pode ser concebido não pode estar somente no entendimento. Pois, se ele está (...) no entendimento somente, ele não pode ser concebido como existindo também na realidade, o que é maior. Portanto, se aquilo em relação ao qual nada maior pode ser concebido está somente no entendimento, então, aquilo em relação ao qual nada maior pode ser concebido é, ele próprio, aquilo em relação ao qual nada maior pode ser concebido. Mas, seguramente, isso não pode ser. Portanto, sem dúvida, algo em relação ao qual nada maior pode ser concebido existe, tanto no entendimento quanto na realidade.[1]

Uma reconstrução pode proceder como segue:

(1) Deus é aquilo em relação ao qual nada maior pode ser concebido.
(2) Deus ou existe somente no entendimento ou existe tanto no entendimento quanto na realidade.
(3) Se Deus existisse somente no entendimento, um ser maior poderia ser concebido, isto é, um ser com todas as qualidades de Deus, mas que existisse tanto no entendimento quanto na realidade.
(4) Porém, Deus é aquilo em relação ao qual nada maior pode ser concebido (de [1]).

SANTO ANSELMO (1033-1109)

Anselmo nasceu em Aosta, na Itália. Tornou-se monge e, posteriormente, foi nomeado Arcebisto de Cantuária. Tanto como teólogo quanto como filósofo, a Anselmo é creditada a primeira versão do argumento ontológico da existência de Deus. A sua crença em Deus não estava fundada nessa prova; ele queria simplesmente tornar manifesta a existência e a natureza de Deus. Como ele uma vez disse: "Eu não procuro entender de modo a poder crer, mas creio para entender". Seu argumento ontológico tem tido uma recepção variada: São Tomás de Aquino e Kant o rejeitaram; Duns Scotus e Descartes propuseram versões próprias para ele. Embora o argumento tenha poucos adeptos hoje, não existe nenhum consenso sobre o ponto em que o raciocínio se extravia.

(5) Portanto, Deus não pode existir somente no entendimento (de [3] e [4]).
(6) Portanto, Deus existe tanto no entendimento quanto na realidade (de [2]) e [5]).
(7) Portanto, Deus existe (na realidade) (de [6]).

Pretende-se que a premissa (1) seja uma verdade puramente definicional. Para Anselmo, a palavra "Deus" significa simplesmente (entre outras coisas) "aquilo em relação ao qual nada maior pode ser concebido", precisamente como um "triângulo" significa "figura plana com três lados, três ângulos" e "solteira" significa "mulher não-casada". Assim, o insensato não estaria sendo mais inteligente ao negar que Deus é aquilo em relação ao qual nada maior pode ser concebido do que ao negar que triângulos têm três lados ou que mulheres solteiras são não-casadas.

Pretende-se que também a premissa (2) seja um truísmo, bem como uma instância da seguinte verdade que se supõe completamente geral: para qualquer F que tenha sido concebido, ou F existe somente no entendimento ou F existe tanto no entendimento quanto na realidade. Portanto, unicórnios e dragões existem somente no entendimento; homens e cavalos existem tanto no entendimento quanto na realidade.

A premissa (3) é motivada pela seguinte seqüência de pensamentos. Suponhamos que nós consideramos dois seres similares em suas propriedades, exceto que o primeiro ser existe somente no entendimento, enquanto o segundo existe tanto no entendimento quanto na realidade. Assim, o segundo ser é maior do que o primeiro – a existência na realidade é uma propriedade que o torna maior. Esse princípio, juntamente com a premissa (1), produz a premissa (3). Dado (1), (2) e (3), (7) segue-se prontamente.

Como podemos criticar o argumento? Para começar, não deveríamos considerar que todas as definições são coerentes. Algumas não são. Por exemplo, eu poderia tentar definir "meganúmero" deste modo:

> (M) Meganúmero é aquele número natural em relação ao qual não há nenhum maior.

Considerando que "maior", aqui, significa "maior em valor", (M) é incoerente. Não existe nenhum número natural maior, visto que a série dos números naturais é infinita.

Existe alguma razão para pensar que a premissa (1) é, de forma similar, incoerente? Ela o será se as qualidades que tornam Deus maior forem não-maximais (isto é, qualidades que podem sempre ser possuídas em um grau maior, tais como altura ou peso). Mas, plausivelmente, as qualidades que tornam Deus maior são maximais. Qualidades como onipotência, onisciência e bondade perfeita parecem ser maximais; nenhum ser pode ser mais poderoso do que um ser onipotente, por exemplo. Portanto, não podemos criticar a definição que Santo Anselmo apresenta de "Deus" como criticamos a definição (M).

Poderia ser objetado que, mesmo que a premissa (1) seja coerente, ela não pode ter quaisquer conseqüências ontológicas. Uma mera estipulação não pode gerar entidades reais. Quando a palavra "solteira" foi pela primeira vez introduzida na linguagem e definida como "mulher não-casada", a definição não garantiu que o mundo continha solteiras. Que existam solteiras deve-se não a uma definição, mas ao fato (não-verbal) de que algumas mulheres escolhem não se casar. Ou, ainda, que nós tenhamos definições significativas de palavras como "dragão" e "unicórnio" não deveria levar alguém a pensar que tais criaturas existem. Portanto, como pode a premissa (1), uma mera definição, ter possíveis conseqüências ontológicas?

Contudo, seria cometer petição de princípio contra Anselmo insistir em tal objeção nesse estágio, pois ele poderia razoavelmente replicar que, embora muitas definições de fato não tenham nenhuma conseqüência ontológica, a sua definição tem. Se quisermos criticar Anselmo diretamente, devemos examinar os passos subseqüentes do seu raciocínio.

Uma vez que o façamos, contudo, inquietações surgirão imediatemente. Logo torna-se claro que Anselmo tem um entendimento totalmente bizarro do que é possuir um conceito ou idéia. A primeira das três sentenças da citação mencionada sugere a seguinte cadeia de pensamentos. Eu primeiro entendo uma palavra "'F" (um termo geral, digamos). Em virtude de entender "F", um F existe em meu entendimento e tem todas as qualidades-padrão de um F. Podemos, então, indagar se Fs também existem na realidade.

Portanto, se eu entendo o termo "unicórnio", um unicórnio existe em meu entendimento, e esse unicórnio tem as qualidades geralmente associadas aos unicórnios (quatro patas, chifre espiralado, rabo de leão, etc.), somente lhe faltando a qualidade da existência real. Mas isso é incrível. Quando entendo a palavra "unicórnio", eu não tenho nenhuma coisa com quatro patas e chifre espiralado em minha mente! Anselmo cometeu o que nós poderíamos chamar de *falácia da reificação*. Ele confundiu entender uma palavra ou apreender um conceito com a mente conter o objeto concebido. Entretanto, isso é confundir conceito com objeto: o conceito está em minha mente, mas o seu objeto não. Os princípios subjacentes às premissas (2) e (3) são exemplos evidentes dessa falácia. Uma vez que reconhecemos que se trata de uma falácia – que, quando eu entendo a palavra "Deus", não existe nada em minha mente que seja onipotente, onisciente, etc. –, nós podemos rejeitar essas premissas. Elas estão baseadas em uma concepção insustentável do que seja entender uma palavra.

Embora o que foi dito acima seja suficiente para fixar a versão do argumento ontológico de Anselmo, vale mencionar uma reposta dada a ele por um de seus contemporâneos, Gaunilo de Marmoutiers. Em seu *On Behalf of the Fool*,* Gaunilo contempla uma ilha em relação à qual nada mais excelente pode ser concebido e então escreve:

> Se alguém me dissesse que existe tal ilha, eu facilmente compreenderia suas palavras (. . .). Mas suponhamos que ele continuasse a dizer, como se por inferência lógica: "Você não pode mais duvidar de que essa ilha, que é mais excelente do que todas as ilhas, existe em algum lugar, visto que você não tem nenhuma dúvida de que ela está no seu entendimento. E, visto que é mais excelente não somente estar no entendimento, mas existir tanto no entendimento quanto na realidade, por essa razão, ela deve existir. Pois, se ela não existe, qualquer ilha que realmente exista será mais excelente do que ela; e, portanto, a ilha que você entende ser mais excelente não será a mais excelente".[2]

---
* N. de T.: Em defesa do *insensato*.

O ARGUMENTO ONTOLÓGICO

O argumento ontológico de Santo Anselmo é um exemplo clássico de argumento racionalista. O argumento tenta mostrar que podemos estabelecer uma conclusão substancial – a existência de Deus – somente pela razão. Isso contradiz o princípio empirista (associado a filósofos britânicos como Locke, Berkeley e Hume) segundo o qual a razão sozinha jamais pode produzir conhecimento substancial da realidade. Os empiristas sustentavam que o conhecimento da realidade baseia-se essencialmente em impressões dos sentidos. O argumento ontológico é engenhoso. Tenta provar a existência de Deus meramente a partir da idéia ou definição de Deus como "aquilo em relação ao qual nada maior pode ser concebido". Seria extraordinário se a definição de uma palavra pudesse provar a existência de qualquer coisa além de si mesma. Felizmente, o argumento de Anselmo não faz nada disso.

Gaunilo está aqui tentando fazer uma paródia da prova de Anselmo. Ou seja, está empregando um raciocínio análogo ao de Anselmo para estabelecer uma conclusão obviamente absurda. Certamente, o mundo não possui uma ilha perfeita (isto é, uma ilha em relação à qual nada maior pode ser concebido), ou um cavalo perfeito, ou um crocodilo perfeito, etc. Se argumentos análogos ao de Anselmo são inválidos, o argumento de Anselmo deve ser inválido também. Note-se que paródias de argumentos, embora potencialmente efetivas em um aspecto, são deficientes em outro. Se bem-sucedida, uma paródia de argumento mostra que o argumento original (parodiado) está errado, mas não fornece nenhum diagnóstico de onde está o erro.

Entretanto, parece que a paródia de Gaunilo fracassa porque o seu argumento não é análogo ao de Anselmo em um aspecto decisivo. Eu disse anteriormente que, para que a definição de "Deus" proposta por Anselmo seja coerente, as qualidades que tornam Deus maior devem ser maximais, isto é, devem ser qualidades que não podem ser possuídas em um grau maior. Porém, as qualidades que tornam uma ilha excelente (tais como abundância de cocos, quantidade de palmeiras, preponderância de morenas solteiras, etc.) são claramente não-maximais. Nesse caso, a descrição "ilha em relação à qual nada maior pode ser concebido" (como "número natural em relação ao qual nada maior pode ser concebido") não expressa nenhum conceito coerente.

O ARGUMENTO COSMOLÓGICO

Embora rejeitando o argumento ontológico de Anselmo, São Tomás de Aquino (c. 1225-1274) advogava o argumento cosmológico em favor da existência de Deus. Esse argumento pode tomar muitas formas, uma das quais é conhecida como "o argumento da contingência". Em um famoso debate com Bertrand Russell, o filósofo e historiador jesuíta Frederick Copleston delineou uma versão do argumento da contingência:

> o mundo é simplesmente o (. . .) agregado de objetos individuais, nenhum dos quais contém em si próprio a razão de sua existência (. . .). Visto que nenhum objeto da experiência contém em si mesmo a razão de sua própria existência, essa totalidade de objetos deve ter uma razão externa a si mesma. Essa razão deve ser um ser existente. Ou bem esse ser é a razão da sua própria existência, ou ele não o é. Porém, se nós procedermos ao infinito (. . .) não há em absoluto nenhuma explicação da existência. Assim (. . .) para explicar a existência, devemos nos valer de um ser que contém em si mesmo a razão de sua própria existência – (. . .) o que não pode não existir.[3]

Posteriormente, no debate, Copleston apresenta uma sucinta recapitulação da essência do argumento:

> A série dos eventos (compreendendo a história do universo) ou é ou não é causada. Se ela é causada, deve obviamente existir uma causa externa à série. Se ela não é causada, então, basta a si mesma; e se basta a si mesma, ela é o que eu chamo necessário. Contudo, (o universo) não pode ser necessário, visto que cada membro é contingente, e (. . .) o total não tem nenhuma realidade à parte dos seus membros.[4]

Para avaliar esses argumentos, pode ser útil começar com um dos comentários de Russell. Ambos os argumentos valem-se de noções modais. A conclusão do raciocínio de Copleston é que existe um ser necessário (isto é, Deus). Russell discorda como segue: "a palavra 'necessário' (. . .) se aplica significativamente somente a proposições. E (. . .) somente àquelas proposições que são **analíticas**, quer dizer, àquelas cuja negação é uma contradição".[5] Para Russell, nenhuma proposição do tipo "A existe" pode ser analítica. Portanto, falar de "seres necessários", ou mesmo de "seres contingentes", é um solecismo.

É claro, se o argumento ontológico é válido, então, "Deus existe" é analítico, mas esse argumento foi considerado insuficiente. Entretanto, mesmo que admitamos que "Deus existe" não é analítico, ainda há uma resposta possível para Russell. Desde a obra de Saul Kripke, nos anos de 1960 e 1970, é geralmente aceito que a analiticidade ("verdade em virtude do significado") não é a única fonte da necessidade: existem verdades necessárias que não são analíticas.[6] Mesmo antes de Kripke, alguns filósofos suspeitaram que verdades como "nada pode ser completamente vermelho e verde" eram necessárias, embora não sejam analíticas. Mas Kripke forneceu uma estrutura teórica na qual necessidades não-analíticas são inteligíveis e forneceu exemplos mais claros: por exemplo, "Túlio é Cícero", "água é H_2O", "este suporte é feito de madeira". Se essa moderna ortodoxia está correta, então a não-analiticidade de "Deus existe" não vale contra a sua necessidade.

> ### SÃO TOMÁS DE AQUINO (c. 1225-1274)
>
> Tomás de Aquino nasceu em Rocaseca, na Itália. Estudou as obras de Aristóteles na Universidade de Nápoles e tornou-se frade dominicano. Sua obra mais conhecida é a *Suma Teológica* (1266-1273). Ele sustentava que fé e razão não podem conflitar, pois a razão, se propriamente exercida, nunca produzirá veredictos contrários à fé. Tomás de Aquino negava que a existência de Deus pudesse ser provada meramente pela reflexão sobre a idéia de Deus – daí ele haver rejeitado o argumento ontológico de Anselmo. Entretanto, sustentava que a existência de Deus podia ser estabelecida a partir de premissas concernentes à natureza e à existência do universo (*Suma Teológica*, 1a, qu. 2, art. 3). Estas são as famosas "cinco vias" de São Tomás para provar a existência de Deus, uma das quais se vale da existência contingente do universo (uma versão do argumento cosmológico).

No entanto, há um problema mais profundo com a resposta de Russell. É certamente verdadeiro dizer de quaisquer coisas ordinárias que nós encontramos: "isto poderia não ter existido". De fato, pode-se verdadeiramente dizer de si mesmo: eu poderia não ter existido (por exemplo, se meus pais não tivessem se conhecido). Mas, então, segue-se imediatamente que "Eu existo" é uma verdade contingente e, portanto, que eu sou um ser contingente. Desse modo, faz sentido falar de seres contingentes. Nesse caso, deve pelo menos fazer sentido falar de seres necessários (se existem ou não alguns desses seres).

Entretanto, essa disputa não vai realmente ao ponto. Embora Copleston use as expressões "ser... que não pode não existir" e "necessário" para descrever Deus, o aspecto relevante de Deus para os propósitos de Copleston não é sua necessidade, mas sua auto-suficiência: Deus contém em si mesmo a razão da sua própria existência.

O problema é que a idéia de que algo contém a razão de sua própria existência é demasiado obscura para que façamos alguma coisa com ela. Russell diz que, a menos que a expressão "razão suficiente" signifique "causa", ele não pode saber o que ela significa. Contudo, "razão suficiente" não pode significar "causa", pois, de outro modo, poder-se-ia dizer que Deus é um ser "autocausado", o que Copleston concorda que não faz nenhum sentido. Assim, a alegação de Russell parece justificar-se: se a expressão "razão suficiente" não significa "causa", o que ela significa? Conseqüentemente, a primeira apresentação que Copleston faz do argumento cosmológico necessita de esclarecimento antes que possamos avaliá-la.

A segunda apresentação, mais sóbria, opera com a noção de auto-suficiência apenas posteriormente no desenvolvimento do argumento. Ela começa com a premissa: o universo (inteiro) ou é ou não é causado. Russell objeta que essa premissa não faz nenhum sentido. Faz sentido perguntar pela causa desse ou daquele evento (que é como nós aprendemos a usar a palavra "causa"), mas não faz nenhum sentido perguntar pela causa de todos os eventos, isto é, do universo inteiro.

Entretanto, a razão que Russell apresenta para essa alegação não é convincente. Ele mostra que é uma falácia inferir que uma totalidade tem alguma propriedade precisamente porque cada membro da totalidade tem essa propriedade. E isso é, de fato, uma falácia (a falácia da composição).[7] Para usar o exemplo de Russell: do fato de que todo ser humano tenha uma mãe não podemos inferir validamente que a raça humana inteira tenha uma mãe. Mas Copleston não comete essa falácia. Ele não argumenta: todo evento tem uma causa, *portanto* a totalidade dos eventos deve ter uma causa. Ele apenas pensa que faz perfeitamente sentido perguntar se o universo tem uma causa. E procurar saber se o universo tem uma causa não parece envolver o tipo de erro categorial envolvido em procurar saber se a raça humana tem uma mãe.

Assim, vamos conceder a Copleston sua premissa de abertura: o universo inteiro ou é ou não é causado. Como o argumento procede? Visto que a noção de auto-suficiência foi considerada demasiado obscura, teremos de operar com a noção de necessidade. Assim, podemos reformular a segunda apresentação que Copleston fez do argumento do seguinte modo:

(1) O universo ou é ou não é causado.
(2) Se é causado, a causa encontra-se fora do universo.
(3) Se não é causado, o universo é necessário.
(4) O universo não é necessário.
(5) O universo é causado (de [3] e [4]).
(6) Conseqüentemente, a causa do universo encontra-se fora do universo (de [2] e [5]).[8]

Desde que estejamos satisfeitos com a terminologia usada aqui, como devemos responder? As premissas (1) e (2) são incontroversas: (1) é um truísmo (uma vez que admitamos, *contra* Russell, que faz sentido dizer que o universo tem uma causa) e (2), se a causa do universo encontra-se dentro do universo, parece correto dizer que ela deve ser parte do universo. Porém, nenhuma parte de uma coisa pode causar a própria coisa, de modo que a causa do universo deve encontrar-se fora do universo.

A premissa (4), embora tenha sido negada por alguns filósofos, também é plausível.[9] Supondo que poderia não ter existido nada ao invés de existir alguma coisa, a existência do universo é algo não-necessário ou contingente. A razão de Copleston para (4) pode parecer comprometê-lo com a falácia da composição: ele argumenta que o universo como um todo é contingente porque cada elemento é contingente. Porém, seu raciocínio não parece falacioso nesse caso. Como poderia uma totalidade ser necessária se cada um dos seus elementos é contingente? A falácia da composição pode ser uma falácia com respeito apenas a certos tipos de propriedade, e a propriedade da contingência talvez não seja uma delas.

Portanto, se o argumento tem uma falha, ela deve estar na premissa (3). Poderia alguém sustentar que o universo não tem nenhuma causa e, ainda assim, seja contingente? *Prima facie*, sim. Alguém poderia sustentar, como Aristóteles o fez, que o universo sempre existiu e, contudo, é contingente.[10] Segundo, muitos cosmólogos modernos afirmaram que o universo, embora não tenha sempre existido, veio literalmente do nada: ele não tem nenhuma causa. Conforme essa visão, se o universo não tivesse nenhuma causa, ainda assim sua existência não seria necessitada. Um defensor do argumento cosmológico deve mostrar que tais concepções são insustentáveis e, até que ele o faça, o argumento cosmológico não será inteiramente convincente. Além disso, mesmo se o argumento fosse convincente, sua conclusão não implicaria nada sobre a natureza da causa do universo (por exemplo, se a causa é boa ou amorosa).

WILLIAM PALEY (1743-1805)

William Paley estudou e lecionou na Universidade de Cambridge, tendo sido clérigo da Igreja da Inglaterra. Entre suas obras, três se destacam. Em *Princípios de moral e filosofia política* (1785), ele defendeu o utilitarismo (a visão segundo a qual nós devemos fazer tudo o que maximiza a felicidade humana) em bases teológicas. Em *Uma concepção da evidência do cristianismo* (1794), discutiu a crença nos milagres e fez comentários da discussão sobre eles elaborada por Hume na Seção 10 da sua *Investigação sobre o entendimento humano*. *Teologia natural* (1802) é a obra mais conhecida de Paley, na qual ele apresenta sua versão do argumento do desígnio, argumentando que o mundo complexo e variado ao nosso redor é mais bem explicado como o resultado da criação divina.

O ARGUMENTO TELEOLÓGICO

O argumento teleológico em favor da existência de Deus, também chamado argumento do desígnio, tenta argumentar não simplesmente a partir da existência contingente do universo, mas a partir da complicação e complexidade da sua estrutura.

Embora o argumento seja conhecido desde os estóicos, William Paley (1743-1805) elaborou a sua versão mais conhecida, baseada na seguinte analogia. Paley diz que, quando encontramos uma pedra no deserto, não supomos que ela tenha um criador. Porém, se nos depararmos com um instrumento complexo como um relógio, admitiremos que ele tenha tido um fabricante, e estamos justificados nessa alegação, pois, ao examinar suas partes, veremos que elas foram "estruturadas e reunidas com um propósito".[11] Portanto, podemos razoavelmente concluir que "o relógio deve ter um fabricante (. . .). Deve ter havido, em algum lugar ou outro um artífice ou artífices que o construíram para o propósito ao qual nós o vemos servir; alguém que compreendeu sua construção e designou seu uso".[12]

Paley argumenta que nós podemos raciocinar analogicamente a partir do universo que encontramos ao nosso redor, em particular a partir dos seres biológicos complexos, tais como flores, corações e olhos, até a existência de um criador do universo: Deus. Se estamos justificados a inferir da existência do relógio a existência de um fabricante do relógio, então, devemos estar igualmente justificados a inferir da existência de estruturas biológicas complexas a existência de um criador. Além disso, a beleza e a simetria dessas estruturas indicam a natureza benevolente do seu criador.

Como devemos responder a esse argumento? Note-se que, diferentemente dos argumentos precedentes, o argumento teleológico não é apresentado como dedutivamente válido. Visto que nem a criação *ex nihilo* nem algum arranjo aleatório de partículas em uma configuração similar à de um relógio é logicamente impossível, a existência de um relógio não implica logicamente a existência de um fabricante do relógio. Ao invés disso, a alegação de Paley é que, ao nos depararmos com um relógio, é razoável acreditar que ele foi feito por um fabricante. Esta é a melhor explicação para a existência de um relógio. Analogamente, ao observarmos o complexo mundo ao nosso redor, é razoável acreditar que ele foi criado por Deus.

A primeira coisa a observar é que, mesmo se considerarmos o raciocínio de Paley convincente, o máximo que ele pode estabelecer é que Deus criou o universo, não que ele ainda existe. É inteiramente consistente com o argumento de Paley a idéia de que Deus "abandonou a construção" logo após o ato de criação. Assim, seu argumento não nos dá qualquer razão para pensarmos que Deus existe agora, exatamente como não temos nenhuma razão para pensar que o fabricante do relógio existe agora. (Curiosamente, Sir Isaac Newton acreditava que, sem Deus, os planetas desorbitariam em diferentes direções. Portanto, para Newton, o movimento regular dos planetas torna razoável acreditar na existência continuada de Deus.)

Segundo, nos *Diálogos sobre a religião natural* (1779), de David Hume, publicado após a morte de Hume e antes da publicação do tratado de Paley (em 1802), um dos participantes imaginários, Filo, chama a atenção para quão pouco estamos autorizados a inferir sobre o criador a partir da observação do mundo (tão distante do início) ao nosso redor:

> Este mundo, que ele (um defensor do argumento do desígnio) saiba, é muito falho e imperfeito, se comparado a um modelo superior; e foi somente o primeiro rude ensaio de uma deidade menor, que posteriormente o abandonou, envergonhada de sua realização imperfeita: ele é tão-somente a obra de uma deidade dependente, inferior; e é o objeto de derisão dos seus superiores: ele é a produção da velhice e decrepitude de uma deidade antiquada; e, desde a sua morte, deu-se a aventuras, em conseqüência do primeiro impulso e força ativa que dela recebeu.[13]

De fato, sugere Filo, o argumento do desígnio não nos dá nenhuma razão para supor que existiu somente um criador. Por que não concluir que, precisamente como "muitos homens se reúnem para construir uma casa ou embarcação, para erigir uma cidade, para formar uma comunidade; (...) não podem várias deidades combinar de projetar e modelar um mundo?".[14]

Terceiro, e mais importante, devemos lembrar que Paley escreveu antes da teoria da evolução de Darwin e do despertar da cosmologia moderna. Para qualquer pessoa em 1800, a única explicação para a ordem do universo era a criação divina. O raciocínio de Paley teria parecido, então, ser o mais simples senso comum. Entretanto, em nossa perspectiva atual, temos outra explicação disponível – a teoria da evolução de Darwin – e o raciocínio de Paley não parece mais tão inescapável.

Se procuramos saber como os seres humanos, com todos os seus complicados órgãos internos (tais como olhos e corações) vieram a existir aqui, nós temos duas explicações concorrentes: a teoria darwiniana da evolução por meio da seleção natural e a explicação divina. A teoria da evolução tem desfrutado de grande sucesso explicativo e está tão bem estabelecida que não é seriamente posta em dúvida. Ela (atualmente) fornece a melhor explicação para a existência e a natureza da espécie humana e de outras espécies. Nesse caso, o raciocínio de Paley caduca: o olho não é análogo a um relógio achado. A disponibilidade da explicação darwiniana da origem das espécies, com efeito, torna o argumento teleológico antiquado.

O ARGUMENTO DO MAL

Até aqui criticamos os argumentos em favor da existência de Deus. Agora vamos considerar um argumento bastante conhecido contra a existência de Deus: o argumento do mal. Este é um argumento em favor da não-existência de Deus, conforme a alegação de que Deus (se ele existe) tem as características da onipotência, da onisciência e da bondade perfeita.

A idéia básica que subjaz ao argumento do mal é que a existência do mal, tanto do mal natural (a morte e o sofrimento causados por desastres naturais) quanto do mal moral (a crueldade dos seres humanos entre si), é incompatível com a existência de Deus. Portanto, já que o mal existe, Deus não existe.

Contudo, precisamos desenredar um pouco as coisas para esclarecer o caráter da alegada incompatibilidade. O argumento do mal sustenta que as seguintes proposições formam um quarteto incompatível:

(1) Deus é onisciente.
(2) Deus é onipotente.
(3) Deus é perfeitamente bom.
(4) O mal existe.

Se (1)-(4) são incompatíveis, elas não podem ser todas verdadeiras. Visto que (4) é inegavelmente verdadeira, uma das três anteriores (1)-(3) é falsa. Porém, se qualquer uma das (1)-(3) é falsa, então Deus não existe. Se não existe nenhum ser que é onisciente, onipotente e perfeitamente bom, então não existe nenhum Deus. De acordo com o argumento do mal, não existe nenhum ser desse tipo e, portanto, nenhum Deus.

Por que pensar que (1)-(4) são incompatíveis? O mal, tanto natural quanto moral, existe. Se Deus é onisciente, ele sabe da existência do mal; se ele é perfeitamente bom, ele quer evitar o mal; se ele é onipotente, ele é capaz de evitar o mal. Então, por que ele não o evita? Se existisse um ser que fosse onisciente, onipotente e perfeitamente bom, o mundo não conteria nenhum mal. Mas o mundo contém o mal. Então, nenhum ser com tais características existe.

Este é um argumento agradavelmente direto. Têm havido, é claro, muitas respostas a ele. Essas respostas tentam, de diferentes modos, mostrar como (1)-(4) poderiam tornar-se, apesar de tudo, compatíveis. Aqui vai uma sugestão de resposta. Qual o problema se certos males são *necessários* para a existência de certos bens? Ou seja, sem tais males não haveria tais bens. Desse modo, o teísta poderia argumentar que o valor dos bens em questão ultrapassa o custo dos males que os acompanham. Nesse caso, a existência desse mal não precisa valer contra o amor, o conhecimento ou o poder de Deus.

Um exemplo simples ilustra a idéia: eu sofro dor na cadeira do dentista, mas isso é necessário para que eu fique sem dor e tenha dentes saudáveis no futuro. Contudo, essa necessidade – de que eu *deva* ter dor agora para ter menos dor no futuro – é um caso de necessidade causal ou tecnológica. No estágio atual da tecnologia, visitas dolorosas ao dentista são necessárias para que se tenha dentes saudáveis no futuro. Porém, Deus é onipotente. Ele não é limitado por necessidades causais ou tecnológicas. A onipotência de Deus significa que ele pode fazer tudo o que é logicamente possível. Ele poderia ter arranjado as coisas de modo que as visitas ao dentista fossem menos dolorosas, ou ter nos equipado com dentes que nunca tivessem cáries. Mas, então, por que ele não o fez?

O que a defesa dos "males necessários" requer, se pretende ser plausível, são males que sejam **logicamente necessários** para que existam certos bens. Assim, se é desejável que o mundo contenha tais bens, Deus não pode ser criticado por permitir tal mal, visto que é logicamente impossível ter tais bens sem o mal que os acompanha. Mesmo Deus não pode fazer o que é logicamente impossível.

Exemplos de bens que parecem logicamente requerer certos males são o heroísmo, a benevolência e a simpatia. Heroísmo, benevolência e simpatia são possíveis somente porque o mundo contém, por exemplo, desastres naturais, vítimas com as quais outras pessoas podem ser heróicas, simpáticas ou benevolentes.

Contudo, podemos formular três respostas aqui. Primeiro, bens como a simpatia não parecem logicamente requerer a ocorrência de desastres reais. A aparência de um desastre seria suficiente para suscitar sentimentos de simpatia. Se Deus é onipotente, ele certamente poderia ter arranjado para que o mundo contivesse *tsunamis* ilusórios aos quais pudéssemos reagir. Mas ele escolheu não fazê-lo. Por quê?

Segundo, a defesa dos "males necessários" é demasiado limitada. O mundo contém muitos males que não têm quaisquer bens conexos ou atenuantes. Há muitos casos de morte e sofrimento em toda a história humana (e animal) que nunca são mencionados ou lembrados. Tais males, obviamente, não podem ser justificados em termos de sua produção de algum bem para os outros.[15]

Terceiro, há algo de moralmente detestável associado à defesa dos "males necessários". Não estão as pessoas, vítimas de desastres naturais, sendo usadas como um mero meio para o aperfeiçoamento moral de outras pessoas? "O sofrimento dos outros é bom para a minha alma" dificilmente pode constituir-se na máxima de um indivíduo moral.

Uma segunda via de resposta, no intento de mostrar a compatibilidade de (1)-(4), é conhecida como a "defesa do livre-arbítrio". Deus deu às pessoas o livre-arbítrio, e isso é um bem. Um mundo que contém pessoas livres que por vezes escolhem livremente o bem e por vezes escolhem livremente o mal é melhor, assim é alegado, do que um mundo de autômatos programados para sempre fazer o bem. No entanto, o livre-arbítrio tem um custo: muitos males são introduzidos em nosso mundo como resultado da ação humana livre. Visto que Deus não é responsável por tais males, eles não podem valer contra a bondade ou o amor ou o conhecimento de Deus.

Essa resposta é uma variante da primeira: para que exista um certo bem (o livre-arbítrio), é necessário tolerar as más conseqüências provenientes dos maus exercícios desse bem. Entretanto, a defesa do livre-arbítrio está aberta às seguintes cinco objeções.

(1) A defesa refere-se somente a casos de mal moral (o mal que resulta da escolha humana livre). Ela nada esclarece sobre a questão de saber por que Deus permitiria males naturais.
(2) Ela supõe que nós somos dotados de livre-arbítrio. Alguns filósofos negaram que os seres humanos têm livre-arbítrio, ou porque são fatalistas, ou porque consideram que o determinismo é verdadeiro, ou porque consideram o conceito de livre-arbítrio confuso (ver Capítulo 7).
(3) Não é óbvio que o bem do livre-arbítrio seja superior à quantidade de mal que os seres humanos têm realmente produzido. É implausível pensar que o valor do livre-arbítrio de uma pessoa seja superior ou compense qualquer quantidade de mal produzido pelo seu exercício. O mundo não poderia ter sido um lugar melhor se Hitler ou Stalin, por exemplo, tivessem sido autômatos, programados para fazer boas ações?
(4) Não é verdade que, se os seres humanos têm livre-arbítrio, deva haver más conseqüências. Mesmo que Deus nos tenha dotado de livre-arbítrio, ele poderia ter interferido depois que alguma má escolha tivesse sido feita, garantindo que nenhuma má conseqüência se seguisse. Isso certamente seria melhor do que deixar que as más conseqüências se seguissem. Então, por que Deus não interferiu?
(5) Há um outro modo, mais radical, pelo qual Deus poderia ter nos dado o livre-arbítrio, garantindo, porém, que nenhuma má conseqüência se seguisse. Por que Deus não criou seres que sempre escolhem livremente o bem?[16] Poder-se-ia pensar que tais seres são impossíveis, mas isso está longe de estar claro. Podem os anjos ora escolher livremente o bem, ora não? Mais sobriamente, nós somos seres que *às vezes* escolhemos livremente o bem. Por que seria incoerente imagi-

nar-nos *sempre* escolhendo o bem? Certamente não existe nenhum limite superior *a priori* para o número de vezes em que um agente poderia escolher livremente o bem.

Podemos apresentar essa última objeção do seguinte modo pitoresco: imaginemos Deus examinando todos os mundos possíveis, procurando saber qual deles tornar real.[17] Em algum desses mundos, todas as pessoas escolhem livremente o bem. Em outros, nenhuma delas escolhe o bem. Em outros ainda, alguns homens escolhem o bem, enquanto outros escolhem o mal. Por que Deus não decidiu tornar real um dos mundos da primeira categoria? Se ele podia, queria e sabia como atualizá-lo, ele deveria tê-lo feito. Mas não o fez; portanto, a Deus faltou tanto benevolência quanto conhecimento ou poder.

Uma última via de resposta ao argumento do mal assinala que (1)-(4) não são formalmente inconsistentes. Talvez exista uma razão para que Deus permita o mal, mas essa razão é desconhecida ou incognoscível para nós. Contudo, é difícil distinguir essa resposta da criação ilusória de fatos que se desejaria que fossem realidade.

O PROBLEMA DO MAL

A principal razão pela qual muitas pessoas ponderadas não acreditam em Deus é a existência do mal. Elas não podem entender como um Deus todo-cognoscente, todo-poderoso, todo-amoroso poderia admitir o mal no mundo (por exemplo, o sofrimento que se segue a um desastre natural como uma inundação ou a fome), nem por que ele não impediu as más conseqüências das más escolhas das pessoas. Os teístas (isto é, aqueles que acreditam na existência de Deus) têm oferecido várias teodicéias que pretendem mostrar como o conhecimento, o poder e o amor de Deus são consistentes com a existência do mal. Kant acreditava que todas as teodicéias estão fadadas a fracassar (*A religião nos limites da razão*, 1793), e nossa discussão parece confimá-lo.

OBSERVAÇÕES FINAIS

Todos os argumentos-padrão em favor da existência de Deus estão abertos a objeções. A existência do mal fornece um forte argumento contra a existência de Deus. É, por isso, inteiramente razoável acreditar que não existe nenhum ser que seja onipotente, onisciente e perfeitamente bom.

QUESTÕES PARA ESTUDO

- Anselmo realmente cometeu a falácia da reificação em sua apresentação do argumento ontológico?
- Russell estava certo ao questionar a coerência da noção de um ser necessário?
- Você pode construir uma versão mais plausível do argumento do desígnio, baseada na massiva improbabilidade de um universo que seja propício à vida?
- Qual a resposta mais promissora que um teísta poderia dar ao argumento do mal?

LEITURAS RECOMENDADAS

M.M. Adams e R.M. Adams (eds.). *The Problem of Evil*. Oxford: Oxford University Press, 1992. Um interessante e por vezes exigente conjunto de ensaios devotados ao problema do mal. A introdução é muito útil, e eu recomendaria especialmente os artigos de J.L. Mackie, N. Pike, A. Plantinga e R.M. Adams.

J.L. Mackie, *The Miracle of Theism*. Oxford: Clarendon Press, 1982. Uma excelente introdução a todos os principais argumentos a favor ou contra a existência de Deus. Altamente recomendado.

A. Plantinga (ed.). *The Ontological Argument*. New York: Anchor Books, 1965. Um livro pequeno e útil, dividido em duas partes. Na primeira parte, Plantinga seleciona as apresentações do argumento ontológico de Anselmo, Descartes, Spinoza e Leibniz, paralelamente a comentários críticos de Gaunilo, Caterus, Gassendi, Kant e Schopenhauer. Na segunda parte, Plantinga seleciona uma (hoje datada, mas ainda interessante) coleção de comentadores do século XX. A contribuição mais importante é a de N. Malcolm, com respostas de A. Plantinga e P. Helm.

A. Plantinga, *God, Freedom and Evil*. London: Allen e Unwin, 1975. Mais um livro útil, dividido em duas partes. Na primeira parte, Plantinga apresenta a sua própria e engenhosa teodicéia, isto é, sua solução para o problema do mal, baseada na versão da defesa do livre-arbítrio. Na segunda parte, ele delineia e critica os argumentos cosmológico, teleológico e ontológico clássicos em favor da existência de Deus. Finaliza propondo uma versão do argumento ontológico que, segundo ele, estabelece não a verdade, mas a aceitabilidade racional do teísmo. Ambas as discussões valem-se da noção de um mundo possível.

W.L. Rowe, *The Cosmological Argument*. Princeton, NJ: Princeton University Press, 1975. Uma discussão muito clara, detalhada e historicamente informada de todos os aspectos do argumento cosmológico.

RECURSOS NA INTERNET

A. Plantinga (1998) "God, Arguments for the Existence of", in E. Craig (ed.), *Routledge Encyclopedia of Philosophy*. Disponível em: <http://www.rep.routledge.com/article/K029>. Acesso em: 31 maio 2006.

G. Oppy, "Ontological Arguments" *The Stanford Encyclopedia of Philosophy* (Edição do outono de 2004), Edward N. Zalta (ed.). Disponível em: <http://plato.stanford.edu/archives/fall2005/entries/ontological-arguments>. Acesso em: 31 maio 2006.

M. Tooley, "The Problem of Evil", *The Stanford Encyclopedia of Philosophy* (Edição do inverno de 2004), Edward N. Zalta (ed.). Disponível em: <http://plato.stanford.edu/archives/win2004/entries/evil>. Acesso em: 31 maio 2006.

2

Existência

INTRODUÇÃO

A existência dá origem a inúmeras questões especificamente filosóficas que se encontram no coração da metafísica. Neste capítulo, abordaremos as seguintes questões. Primeiro, qual é a extensão ou abrangência do ser?[1] Em particular, entidades não-reais ou meramente possíveis podem existir? O que realmente existe é meramente uma pequena parte de tudo o que existe? Segundo, por que o universo existe? Por que existe algo em vez de não existir nada? E por que *este* algo e não outro? Terceiro, há objetos não-existentes? Por que alguém pensaria que eles existem? Quarto, o que é a existência? Em particular, a existência é uma propriedade dos objetos comuns, ou não? Por que importa o modo como respondemos a essa questão? Responder às questões 3 e 4 exigirá o exame profundo de complicados problemas concernentes a significado, referência e estrutura lógica.

A GRANDE ABRANGÊNCIA DO SER

É muito natural pensar que o que existe é somente o que realmente existe. É claro, poderiam ter existido porcos voadores, dragões cuspidores de fogo, montanhas de ouro, máquinas em perpétuo movimento e assim por diante. Mas tais coisas não existem. Elas poderiam ter existido, mas não existem. David Lewis discorda. O que poderia ter existido realmente existe – em algum outro mundo possível. Mundos possíveis também existem, exatamente do mesmo modo que o mundo real existe. Essa é a infame doutrina do realismo **modal**. Lewis escreve:

Eu advogo a tese da pluralidade dos mundos, ou *realismo modal*, a qual sustenta que o nosso mundo é um mundo entre outros. Existem outros incontáveis mundos, outras coisas perfeitamente abrangidas (. . .). Elas são isoladas: não existem quaisquer relações espaço-temporais entre coisas diferentes que pertencem a mundos diferentes. Nem nada que acontece em um mundo causa qualquer coisa que acontece em outro (. . .). Os outros mundos são da mesma espécie deste nosso mundo (. . .). Nem este mundo difere de outros em seu modo de existir (. . .). Os mundos não são feitos por nós mesmos.[2]

A doutrina do realismo modal é capturada nas seguintes sete teses:

(1) Mundos possíveis (incluindo o nosso mundo) existem.
(2) Eles são constituídos da mesma espécie de coisas que o nosso mundo.
(3) Mundos possíveis, como o mundo real, não podem ser reduzidos a algo mais.
(4) Não há nada ontologicamente especial em relação ao mundo real. Cada mundo é real *para os seus habitantes*.
(5) "Real" é simplesmente um indexical, como "aqui".
(6) Mundos possíveis são espaço-temporalmente isolados e, portanto, causalmente isolados um em relação ao outro.
(7) Mundos possíveis não são dependentes da mente.

É importante considerar o que a doutrina do realismo modal significa e o que ela não significa. Ela não é a concepção segundo a qual "muitos mundos existem realmente" (uma concepção que, às vezes, é proposta por certos intérpretes da mecânica quântica). Segundo tal concepção, o mundo real é muito maior do que pensamos, e essa não é a concepção de Lewis. Tampouco é o realismo modal a concepção segundo a qual existem mundos possíveis ou seres possíveis que não existem. Lewis não faz nenhuma distinção entre "existem Fs" e "Fs existem". Sua concepção é a de que o conjunto das coisas realmente existentes é um pequeno subconjunto de todas as coisas existentes, exatamente como o conjunto de pessoas que vivem em Camberra é um subconjunto do conjunto da população total do mundo, ou o conjunto das pessoas existentes em 1940 é um subconjunto do conjunto das pessoas existentes no século XX.

Cada mundo possível corresponde a um modo diferente que o nosso mundo poderia ter sido. Alguns mundos possíveis são como o nosso – eles contêm pessoas de carne e osso e burros, exatamente como o nosso mundo. Contudo, outros mundos possíveis são mais exóticos e contêm tipos de entidades não sonhadas neste mundo. Mundos possíveis são mundos concretos como o nosso, irredutíveis a algo mais (por exemplo, a objetos abstratos como conjuntos de proposições).

REALISMO MODAL

A doutrina do realismo modal procede em duas etapas. Primeiro, ela analisa o discurso modal ordinário nos termos do discurso sobre mundos possíveis. A sentença verdadeira "poderiam existir cisnes azuis" é traduzida como "existe um mundo possível que contém cisnes azuis". Segundo, ela endossa o realismo sobre os mundos possíveis e seus habitantes. Outros mundos possíveis existem exatamente do mesmo modo que o nosso mundo existe. Cisnes azuis existem, mas não em nosso mundo. Alguns filósofos negam que o discurso modal envolva a quantificação implícita sobre mundos. Outros aceitam a tradução nos termos do discurso sobre mundos possíveis, mas negam que outros mundos existam. O mundo real é privilegiado: ele é o único mundo que existe. O que, então, torna verdadeiro que existe um mundo possível que contém cisnes azuis se não a existência de um mundo concreto que contém cisnes azuis? Realistas, como eles são chamados, postulam, em vez de um mundo, alguns sub-rogados produtores-de-verdade: por exemplo, um conjunto completo e consistente de sentenças contendo a sentença "cisnes são azuis". Esse conjunto é o que torna verdadeiro que poderiam existir cisnes azuis. Mas isso é possível? Mesmo se não existisse nenhum conjunto de sentenças (por exemplo, se não existissem mentes), ainda assim existiriam cisnes azuis.

De acordo com o realismo modal, a existência real (existentes no mundo real) não é de modo algum privilegiada. Ela não é a marca do real, visto que outros mundos são igualmente reais. O mundo "real" declarado pelo habitante de qualquer mundo simplesmente se refere ao mundo do habitante. Cada mundo é real para seus habitantes, exatamente como cada lugar é "aqui" para seus ocupantes. "Real" é um mero **indexical**.

Além disso, Lewis pensa que os mundos possíveis são unidades espaço-temporais, sendo espaço-temporalmente isolados um em relação ao outro.[3] Finalmente, mundos possíveis não são ficções criadas por nós. Todos os mundos possíveis (incluindo o nosso) existem independentemente de nós: nem fazemos com que eles existam, nem mantemos a sua existência.

POR QUE O NOSSO MUNDO EXISTE?

O realismo modal de Lewis tem implicações para uma das questões mais complicadas acerca da existência: por que o nosso mundo existe? Essa questão pode ser proveitosamente dividida em duas questões distintas: por que existe algo em vez de não existir nada? E por que existe *este* algo e não outro?

> POR QUE EXISTE ALGO EM VEZ DE NÃO EXISTIR NADA?
>
> Durante séculos, muitos pensaram que essa questão exigia uma resposta, e que ela só poderia ser respondida mediante o apelo a Deus. Existe algo em vez de nada porque Deus escolheu criar este universo e as criaturas no interior dele. Contudo, mesmo se nós pensarmos que não existe nenhum Deus, a questão ainda parece fazer sentido. Alguns negam isso e sustentam que ela não pode ter nenhuma resposta interessante. Houve uma coincidência de condições iniciais que permitiram que o universo físico emergisse e posteriormente propiciasse o surgimento da vida, mas não há nenhuma explicação de por que precisamente tais condições iniciais prevaleceram. Muitos estão satisfeitos com isso, mas muitos não estão. Se a chance da prevalência das condições iniciais que propiciaram o surgimento da vida é tão incrivelmente pequena, não deve haver uma explicação de por que essas condições realmente prevaleceram? Ao responder a tal questão se afirma que existe somente um mundo: o mundo real. Se essa afirmação é falsa, como os realistas modais acreditam, então o nosso mundo é meramente um entre muitos mundos propícios ao surgimento da vida. Nesse caso, não é tão misterioso que o nosso mundo seja propício ao surgimento da vida: muitos mundos o são, e ocorre que o nosso é um deles.

Lewis tem uma resposta pronta para a primeira questão. Para ele, não poderia haver:

> um mundo absolutamente vazio. Um mundo não é como uma garrafa que pode não conter nenhuma cerveja. O mundo *é* a totalidade das coisas que ele contém (. . .). [S]e não existe nem mesmo a garrafa, não existe nada em absoluto (. . .) Pode não haver quase nada: somente algum espaço-tempo homogêneo desabitado, ou talvez somente um ponto particular dele. Mas quase nada é ainda alguma coisa. E não existe nenhum mundo em que não exista nada em absoluto. Isso torna necessário que exista alguma coisa.[4]

Lewis não considera que esta seja uma explicação de por que existe algo em vez de não existir nada (ele não acredita que possa haver tal explicação). Pensa simplesmente que ela mostra que a questão se baseia em uma hipótese falsa – a hipótese segundo a qual poderia não existir literalmente nada, um mundo absolutamente vazio.

Entretanto, mesmo que Lewis esteja errado sobre esse ponto e exista um mundo que seja vazio, ainda assim sua doutrina do realismo modal terá implicações para a questão: por que existe algo em vez de não existir nada? Se existe um mundo possível que é vazio, podemos responder:

o "em vez de" está mal-aplicado – não existe nada (no mundo possível que é vazio). De acordo com o realismo modal, esse mundo existe precisamente como o nosso mundo existe.

O que ocorre com a questão: por que existe *este* algo e não outro? Alguém que proponha essa questão normalmente tem em mente a questão mais específica: por que este mundo é propício à vida em vez de ser contrário a ela? Derek Parfit descreve apropriadamente a razão para considerarmos essa questão urgente:

> Para que a vida fosse possível, as condições iniciais tinham de ser selecionadas com o tipo de precisão que seria necessário para acertar um tiro no centro de uma galáxia distante. Visto que não é arrogante pensar que a vida é algo especial, essa aparente sintonia fina precisa ser explicada. Das incontáveis condições iniciais possíveis, por que aquelas que propiciaram a vida foram *também* aquelas que prevaleceram?[5]

Uma resposta óbvia é a teísta: Deus, cuja existência é necessária, arranjou as coisas desse modo. Mas, obviamente, essa é uma boa resposta apenas se Deus existe (ver Capítulo 1). Outra resposta é que não há nenhuma resposta. O universo real simplesmente é propício à vida, e nenhuma explicação sobre isso pode ser dada. Mas essa resposta pode parecer insatisfatória. Felizmente, há uma terceira resposta:

> Nosso Universo pode não ser a realidade total. Alguns físicos sugerem que existem muitos outros universos – ou, para evitar confusão, *mundos*. Esses mundos têm as mesmas leis da natureza que o nosso e emergiram a partir de Big Bangs similares, mas cada um deles teve condições iniciais ligeiramente diferentes. Segundo essa *hipótese dos múltiplos-mundos*, não haveria nenhuma necessidade de sintonias finas. Se houvesse suficientes Big Bangs, não seria nenhuma surpresa se, em uns poucos desses, as condições fossem precisamente as propícias para a vida. E não seria nenhuma surpresa se o nosso *Big Bang* fosse um desses poucos.[6]

Embora Parfit talvez não tenha pensado na doutrina do realismo modal de Lewis quando escreveu essas palavras, trata-se do mesmo ponto. Se o realismo modal é verdadeiro, e o nosso mundo é um mundo entre incontáveis outros, então não surpreende que o nosso mundo seja propício ao surgimento da vida. Muitos mundos o são, e ocorre que o nosso é um deles. Portanto, com o apelo ao realismo modal, a necessidade de uma explicação teísta é evitada. Como o realismo modal explica algo que de outra maneira permaneceria enigmático, este é um ponto a seu favor.

REALISMO MODAL EXAMINADO

Lewis alega uma quantidade de virtudes do realismo modal, não sendo a menor delas o fato de ele permitir uma análise clara do discurso modal (o discurso que contém palavras como "poderia", "deve", "possivelmente", "necessário", etc.) e do uso de contrafactuais (condicionais da forma "se A tivesse acontecido, B não teria acontecido"). Por exemplo, entendemos a sentença "porcos não voam" e sabemos o que a torna verdadeira: as coisas como elas realmente são. Contudo, também entendemos a sentença "porcos poderiam voar" e supomos que ela é verdadeira. Mas o que a torna verdadeira? Não, poderíamos pensar, as coisas como elas realmente são. O que, então? Lewis fornece uma resposta: como as coisas são em outro mundo possível (bastante diferente). A sentença "porcos poderiam voar" é traduzida por Lewis como "existe um mundo possível no qual porcos voam". Visto que existe tal mundo possível e que ele é concreto como o nosso, o mistério sobre o que torna essas verdades modais verdadeiras é resolvido. Similarmente, sentenças do tipo "possivelmente P" são traduzidas por "existe um mundo possível no qual P", e sentenças do tipo "necessariamente P" são traduzidas por "em todos os mundos possíveis P". "Possivelmente" e "necessariamente" são, desse modo, interpretados como **quantificadores** de mundos possíveis.

Uma confusão surge, entretanto, no caso das alegações modais acerca de indivíduos particulares reais. Suponhamos que eu diga (a sentença verdadeira): Gore poderia ter vencido a eleição presidencial de 2000 nos Estados Unidos. O que a torna verdeira? Como antes, Lewis diz: como as coisas são em um outro mundo possível. Mas como são as coisas nesse mundo? Ele contém o próprio Gore, mãos juntas e suspensas em um gesto de vitória? Isso é uma visão. Segundo a teoria da múltipla existência, os indivíduos existem em mais de um mundo possível.

Contudo, essa não é a visão de Lewis. Para ele, como para Leibniz, os indivíduos estão restritos a um mundo. Gore existe em um mundo (o nosso) e em nenhum outro. Como pode, então, um mundo possível não conter Gore como o produtor-da-verdade da sentença "Gore poderia ter vencido a eleição presidencial de 2000 nos Estados Unidos"? A resposta de Lewis é que esse outro mundo contém uma *contrapartida* de Gore (alguém muito similar a Gore, mas não Gore) que vence a eleição de 2000. Assim, é verdadeiro que Gore poderia ter vencido a eleição presidencial de 2000 porque existe um mundo possível, similar ao nosso, que contém uma contrapartida de Gore que vence a eleição.

Existe, portanto, um debate entre a teoria da múltipla existência e a teoria da contrapartida. Saul Kripke demonstrou de modo brilhante que a teoria da contrapartida não poderia fazer justiça às nossas alegações modais:

[Segundo a teoria da contrapartida] se nós dizemos "Humphrey poderia ter vencido a eleição . . . ", não estamos falando sobre alguma coisa que poderia ter acontecido a *Humphrey*, mas a alguém mais, uma "contrapartida". Provavelmente, contudo, Humphrey poderia não se importar de modo algum se alguém mais, não importa quão semelhante a ele, tivesse sido vitorioso em outro mundo possível.[7]

Tem havido muita discussão sobre se a objeção de Kripke acerta o alvo. Os teóricos da contrapartida replicam que uma contrapartida de Humphrey vencendo a eleição é o que torna verdadeiro que Humphrey poderia ter vencido a eleição. Os teóricos da múltipla existência replicam dizendo que não é. Não está claro com quem fica a vitória. Mas nós podemos considerar um ponto mais fraco. A teoria da múltipla existência fornece uma semântica mais aceitável do que a teoria da contrapartida para o nosso discurso modal. Segundo a teoria da múltipla existência, "Gore poderia ter vencido a eleição" é verdadeira somente se existe um mundo possível no qual Gore vence a eleição. Essa é uma explicação mais direta do que a dos teóricos da contrapartida, e este é um ponto em favor da teoria da múltipla existência.

Muitos filósofos rejeitam o pano de fundo do realismo modal contra o qual conduzimos essa disputa. Em razão de sua prodigalidade ontológica, ela é uma doutrina que conquista poucos adeptos. Muitos a consideram simplesmente inacreditável. Isso é bastante compreensível. Somos convidados a acreditar que há mundos que contêm burros falantes e porcos voadores que existem precisamente do mesmo e vigoroso modo que os nossos porcos e burros existem. Porém, se essa é a nossa resposta, deveríamos ver Lewis como alguém que lança um desafio: explicar o que torna nossas alegações modais verdadeiras sem fazer referência a mundos possíveis realisticamente construídos. Talvez isso possa ser feito. Por exemplo, conforme o relatado, uma sentença como "porcos poderiam voar" é verdadeira somente se a sentença "porcos voam" é um membro de um relato (conjunto de sentenças) completo e consistente. Os defensores do realismo modal responderão dizendo que as possibilidades são objetivas e independentes da mente. Mesmo se não existissem quaisquer sentenças, ainda assim poderiam existir porcos voando. Portanto, o ponto de vista do relato não pode estar certo. E assim segue o debate.

O que deveríamos concluir acerca da doutrina do realismo modal de Lewis? Ela é uma doutrina com vantagens explanatórias significativas. Ela provê "produtores de verdade" diretos para as nossas alegações modais. Ela solapa uma pressuposição da enigmática questão "Por que existe algo em vez de não existir nada?", e possibilita uma resposta destituída de mistério para a questão "Por que este mundo é propício ao surgimento da vida em vez de ser contrário a ela?". Contudo, essas vantagens são contrabalançadas pelo seu excesso ontológico. Somos convidados a acreditar que dragões, duendes e montanhas de ouro existem precisamente do mesmo modo que cavalos, árvores e pedras existem. Isso é difícil de aceitar. Entretanto, qualquer um que rejeite o realismo modal deve uma explicação alternativa para os produtores-de-verdade das nossas alegações modais e precisa explicar por que razão, entre todos os mundos possíveis, o nosso mundo tem o privilégio de existir.

OBJETOS NÃO-EXISTENTES

Lewis pode discordar do senso comum quanto ao que existe, mas não afirma que existem coisas que não existem. Já Colin McGinn o afirma. Ele é um defensor moderno da concepção segundo a qual existem objetos não-existentes. Em um livro recente, ele escreveu:

> Consideramos natural falar do seguinte modo. Nem tudo o que referimos existe: Vênus existe, Vulcano não; cavalos existem, unicórnios não. Existem entidades meramente ficcionais tanto quanto existem coisas que realmente existem. Existir é ter uma propriedade que somente algumas das coisas às quais nos referimos têm – aquelas que existem como opostas àquelas que são meramente ficcionais.[8]

Ao propor essa concepção, McGinn segue os passos do filósofo austríaco Alexius Meinong, o qual admitiu alegremente a existência de objetos não-existentes e muito mais além disso.

ALEXIUS MEINONG (1853-1920)

Alexius Meinong foi um filósofo austríaco, fortemente influenciado por seu professor, Franz Brentano (1837-1917). A partir de 1889, Meinong ensinou na Universidade de Graz, fazendo importantes contribuições à filosofia e à psicologia filosófica. A obra de Meinong começa a partir da sua filosofia da mente e, em particular, da tese de Brentano sobre a intencionalidade: a tese segundo a qual é uma característica do mental que estados mentais sejam direcionados a objetos. Isso leva Meinong a desenvolver uma teoria que admite a existência de objetos possíveis (a montanha de ouro), objetos impossíveis (o triângulo quadrado) e objetos incompletos (algo exagerado). Todo sujeito de uma predicação verdadeira é um objeto. Para Meinong, "o triângulo quadrado é triangular", é verdadeiro e, portanto, existe um triângulo quadrado. Esses objetos são independentes da mente, embora sejam todos potenciais objetos de pensamento. Meinong também acreditava em valores objetivos tais como o bem e a beleza, detectáveis pelas emoções e desejos.

Por que Meinong sustentou uma concepção tão extraordinária? Aqui está uma famosa passagem de Bertrand Russell:

> Argumenta-se (por exemplo, Meinong) que nós podemos falar sobre "a montanha de ouro", "o quadrado redondo", e assim por diante; podemos tornar verdadeiras as proposições das quais esses são os sujeitos; portanto, eles devem ter alguma espécie de ser lógico, visto que, de outro modo, as proposições nas quais ocorrem seriam destituídas de significado. Nessas teorias, parece-me, há uma falta daquele sentimento de realidade que deve ser preservado mesmo nos estudos mais abstratos. A lógica, eu devo afirmar, não pode admitir a existência de um unicórnio mais do que a zoologia pode admiti-lo, pois a lógica se ocupa do mundo real tão verdadeiramente quanto a zoologia, embora se ocupe de suas características mais abstratas e gerais. Dizer que unicórnios têm uma existência na heráldica, na literatura ou na imaginação é já um subterfúgio mais digno de pena e irrisão.⁹

A principal tarefa de Russell no capítulo do qual essa citação foi retirada, e em seu artigo mais conhecido – "On Denoting" (1905) – é frustrar a linha de raciocínio de Meinong.¹⁰ Do mero fato de um termo de sujeito gramatical ser significativo e figurar em sentenças significativas e verdadeiras não se segue que ele se refira a alguma coisa. Portanto, Russell rejeita muito enfaticamente a concepção segundo a qual o significado é a referência. Enfaticamente, mas não completamente: Russell pensa que existe uma variedade restrita de termos singulares genuínos para as quais o significado é a referência (por exemplo, o pronome pessoal "eu" e termos que se refiram às experiências mais imediatas de uma pessoa, como "esta dor de cabeça"). Para Russell, esses são os únicos termos de referência genuínos.¹¹ O uso significativo desses termos ("nomes logicamente próprios", como são conhecidos) garante que eles tenham uma referência.

Todos os outros termos de sujeito gramatical (nomes próprios comuns, descrições definidas, etc.) são impostores. Eles parecem estar na função de referir, mas isso absolutamente não é o que eles estão fazendo. A estrutura gramatical das sentenças que contêm tais termos difere da sua **estrutura lógica** verdadeira. O ponto da teoria das descrições de Russell é exibir a estrutura lógica dessas sentenças.

No caso de algumas descrições definidas (isto é, expressões do tipo "o tal-e-tal"), é claro que a estrutura gramatical e a estrutura lógica são separadas. Considere-se:

(1) A família média tem 2,3 crianças.

Esta sentença tem gramaticalmente a forma sujeito-predicado (a forma "Fa", onde "a" é o termo de sujeito e "F" o predicado). Contudo,

> BERTRAND RUSSELL (1872-1970)
>
> Bertrand Russell nasceu em Monmouthshire, Inglaterra, membro de uma família aristocrática (ele herdaria os títulos de conde e visconde mais tarde). Seus pais morreram quando ainda era menino e ele foi criado por seus avós, que eram profundamente religiosos. Estudou no Trinity College, Cambridge, onde, sob a influência de McTaggart, foi (momentaneamente) um idealista. Posteriormente, ensinou no Trinity como um contemporâneo de G.E. Moore, tendo Wittgenstein entre os seus alunos. Russell escreveu extensivamente em quase todas as áreas da filosofia, mais significativamente em lógica, filosofia da matemática, filosofia da linguagem e da mente e epistemologia, assim como em filosofia social e política. Os últimos escritos foram dirigidos a uma audiência geral. Um grande estilista da prosa, ele foi distinguido com o Prêmio Nobel de Literatura em 1950. Dois dos seus livros – *Os problemas da filosofia* (1912) e *Uma história da filosofia ocidental* (1945) – foram *best-sellers* filosóficos. Entre as suas contribuições mais importantes e influentes estão a teoria das descrições e o paradoxo de Russell (o qual mostrou que o intuitivo "axioma da compreensão" – a cada propriedade corresponde um conjunto de objetos que têm precisamente essa propriedade – leva ao paradoxo).

o termo de sujeito "a família média" é um termo singular fictício. Sua função não é referir-se a alguma família particular sobre a qual é dito que ela tem 2,3 crianças. Quem pensar assim terá entendido a sentença de modo completamente incorreto. A estrutura lógica de (1) é exibida por:

(2) O número de crianças dividido pelo número de famílias = 2,3.

(1) é simplesmente uma maneira abreviada de expressar (2), enquanto (2) é a explicitação das etapas de uma divisão. Ela é do tipo "a/b = c", não "Fa". Além disso, em (2) não há nenhum termo que pretenda referir-se à família média, e isso, para Russell, é um sinal seguro de que a descrição "a família média", embora gramaticalmente um termo de sujeito, não é um termo singular genuíno. (Para Russell, a referência genuína é ineliminável.) Embora significativa, sua função não é a de referir um objeto.

Isso é suficiente para mostrar que o raciocínio de Meinong é falho. Contudo, Russell quis mostrar que o raciocínio de Meinong falha completa e geralmente, e não somente no caso de descrições especiais, como "a família média". A maior parte das pessoas entende as convenções que subjazem a construções do tipo "a tal-e-tal média é F", e é improvável que estejam enganadas em pensar que o termo de sujeito nela contido seja um termo de referência real. Porém, em outros casos, as pessoas podem muito bem estar enganadas. Aqui é que Russell propôs a sua teoria para mostrar que nenhuma descrição (definida ou indefinida) é um termo de referência genuíno. A estrutura gramatical de sentenças que contêm descrições não é de modo algum a sua estrutura lógica.

De acordo com a teoria das descrições de Russell, descrições são quantificadores existenciais disfarçados. Quando elas ocorrem em sentenças do tipo "Um F é G" e "O F é G", as descrições, embora termos de sujeito gramaticais, não são termos singulares genuínos. A estrutura lógica real de "Um F é G" é capturada por ∃x (Fx e Gx) (isto é, alguma coisa é tanto F quanto G). A estrutura lógica real de "O F é G" é capturada por ∃x (Fx e (y) (se Fy então x = y) & Gx) (isto é, existe um x que é F, e unicamente ele é F, e x é G).

Nas análises resultantes, não ocorrem quaisquer termos referenciais singulares, somente quantificação (o quantificador existencial "existe' e o quantificador universal "para todo"), predicação ("F" e "G") e identidade ("="). Nada corresponde a "um F" ou a "o F" na análise. Assim, o que parece ser termo referencial funciona logicamente como quantificador, e quantificadores não são termos referenciais. Se eu digo "há um homem careca na sala", não estou me referindo a nenhum homem careca, embora essa sentença dita por mim seja verdadeira somente se alguém (qualquer um) na sala satisfaz a descrição. Sentenças quantificadas são satisfeitas, ou não, por objetos. Se Bill é o único homem careca existente no mundo, o fato de Bill ser careca torna verdadeira a sentença "alguém é careca". Mas se, em vez disso, Fred fosse o único homem careca existente no mundo, então o fato de Fred ser careca tornaria verdadeira a sentença "alguém é careca". Em contraste, uma sentença que contenha um termo singular genuíno é verdadeira ou falsa somente pelos estados e pelas ações do objeto de referência. Como as coisas são com respeito a outros objetos é irrelevante.

Em acréscimo a essa teoria das descrições, Russell tinha uma outra e mais controversa tese: nomes próprios comuns são descrições disfarçadas e, portanto, quantificadores disfarçados. A despeito das aparências, nomes próprios comuns não são termos singulares genuínos ou termos referenciais. Os únicos termos singulares genuínos são os nomes logicamente próprios de Russell, os quais se referem a itens mentais atuais infalivelmente conhecidos. Portanto, a categoria gramatical dos termos de sujeito subdivide-se nos (poucos) termos referenciais genuínos, e todos os demais são, enfim, classificados como quantificadores.

Este não é o lugar de julgar a filosofia da linguagem endossada por Russell em 1905. Sua teoria das descrições é ainda amplamente aceita, embora não seja incontroversa. Sua teoria segundo a qual os nomes comuns são descrições disfarçadas é amplamente rejeitada (em grande parte graças ao trabalho de Saul Kripke).[12] O ponto de discussão do trabalho de Russell aqui se divide em dois. Primeiro, ele mostra como podemos resistir à alegação segundo a qual para cada termo de sujeito deve existir um objeto correspondente, evitando, assim, a extravagância ontológica de Meinong. Segundo, ao afirmar que nomes comuns e descrições são quantificadores disfarçados, Russell distingue gramática de superfície e estrutura lógica. Ao fazê-lo, ele abre o caminho para a possibilidade de que "existe" – como essa palavra ocorre, por exemplo, em "George Bush existe", "O super-homem não existe" e "tigres existem" –, embora gramaticalmente um predicado, seja de fato um quantificador existencial disfarçado.

O QUE É A EXISTÊNCIA?

Ao perguntar "O que é existência?", nosso objetivo é descobrir a natureza da existência, mas nosso método será lógico-lingüístico. Assim, considere-se uma sentença existencial afirmativa verdadeira, tal como "George Bush existe". Gramaticalmente, ela tem a forma sujeito-predicado. A forma lógica de "George Bush existe" é como parece: Fa. "George Bush" refere-se a George Bush, o quadragésimo presidente dos Estados Unidos; "existe" refere-se à propriedade da existência. George Bush tem a propriedade da existência. Portanto, a existência é uma propriedade de objetos comuns, ao lado de propriedades como peso, altura, calvície, etc.

Em uma concepção diferente – a concepção quantificacional – a gramática de superfície é enganosa: "existe" não é realmente um predicado, mas um quantificador. A forma lógica de "George Bush existe" não é Fa, mas $\exists x (x = \text{George Bush})$ (isto é, existe um x tal que x é idêntico a George Bush). Portanto, a existência não é uma propriedade de George Bush ou de qualquer outro objeto comum.[13]

Meinong e McGinn, que acreditam na existência de objetos não-existentes, também defendem a concepção segundo a qual a existência é uma propriedade. Isso não é uma coincidência. Se uma propriedade é genuína, é natural supor que alguns objetos a possuem e outros não. Se a existência é uma propriedade genuína, segue-se que alguns objetos existem e outros não. Estes últimos são os objetos não-existentes. Portanto, a concepção segundo a qual a existência é uma propriedade, assim como a concepção liberal de significado e referência criticada na seção anterior, é compatível com a doutrina dos objetos não-existentes.

Como decidiremos entre a concepção da existência como propriedade e a sua concepção como quantificador? A.J. Ayer escreveu certa vez que, se a concepção da existência como propriedade fosse verdadeira, "seguir-se-ia que todas as proposições existenciais afirmativas seriam tautologias, e todas as proposições existenciais negativas seriam autocontraditórias".[14] Não está claro se a primeira alegação de Ayer acerta o seu alvo. Simplesmente considerar que a existência não é uma propriedade não parece implicar que, por exemplo, "George Bush existe" seja uma tautologia. Certamente, se se admite que todo nome com significado refere-se a um objeto e que não há quaisquer objetos não-existentes, então, de fato, a significatividade do nome "George Bush" assegura que uma declaração da sentença "George Bush existe" não poderia deixar de ser verdadeira. Mas a doutrina segundo a qual a existência é uma propriedade não desempenha nenhum papel aqui.

Há mais plausibilidade na segunda alegação de Ayer, conforme a qual, se a teoria da existência como propriedade fosse verdadeira, as proposições existenciais negativas seriam contraditórias. Considere-se a sentença verdadeira "O super-homem não existe". Segundo a teoria da existência como propriedade, "O super-homem existe" tem a forma lógica "Fa" ("a é F"); portanto, "O super-homem não existe" tem a mesma forma, somente com "~ F" (não-F) no lugar de "F": "(~ F)a" ("a é ~ F"). Toda sentença que tenha essa forma está sujeita à regra da generalização existencial: de (~ F)a segue-se que ∃x (~ Fx) (isto é, existe um x que é não-F). Assim, segundo essa concepção, da verdade de "O super-homem não existe" segue-se que existe alguma coisa que não existe. E isso, como Ayer corretamente afirma, é contraditório.

É claro, há um modo pelo qual a contradição pode ser evitada. Se existem objetos não-existentes, então a regra da generalização existencial falha. De acordo com os que afirmam a existência dos não-existentes, da verdade de "Fa" nós somente podemos inferir "alguma coisa é F", e "alguma coisa é F" não implica "existe um objeto que é F". Conseqüentemente, de "O super-homem não existe" nós estamos autorizados a inferir somente "existe alguma coisa que não existe". Para os defensores dos não-existentes, isso não é uma contradição: é uma verdade! Muitas coisas não possuem a propriedade da existência, e o super-homem é uma delas.

Contudo, a tese segundo a qual existem objetos não-existentes é difícil de aceitar. Primeiro, parece perfeitamente tolo acreditar que existe um reino de objetos que não existem. Segundo, os defensores dos não-existentes devem afirmar que as expressões "alguns" e "existem" não implicam existência. Ou seja, as sentenças "alguns Fs são G" e "existem Fs que são G" são tomadas como não implicando que existem Fs que são G. Isso é difícil de acreditar. Terceiro, a alegação de que todos os nomes referem (ou objetos existentes ou não-existentes) – é especialmente implausível no caso de um nome tal como "Vulcano". O astrônomo Jean Leverrier introduziu o nome 'Vulcano' para referir-se ao planeta entre Mercúrio e o Sol, cuja presença explicaria certas observações astronômicas. Veio a ser demonstrado que não existe um tal planeta. "Vulcano" é um caso paradigmático de fracasso referencial, não um caso de referência bem-sucedida a um objeto não-existente.

Entretanto, mesmo que a segunda alegação de Ayer contra a concepção da existência como propriedade se sustente, a sua concepção como quantificador não se sustenta. Segundo essa última, a sentença "O super-homem não existe" é traduzida como "~ $\exists x$ (x = super-homem)" (ou seja, não é o caso que existe um x tal que x é idêntico ao super-homem). Infelizmente, pela regra da generalização existencial, podemos inferir: $\exists y$ ~ $\exists x$ (x = y), o que é uma contradição. Isso demonstra que o chamado problema dos existenciais negativos é um problema para todos nós.[15] Como podemos reconhecer a verdade de "O super-homem não existe" sem contradizer a nós próprios, ou sem admitir a existência dos não-existentes?

Existe outro modo de decidir entre as duas concepções da existência, como propriedade ou como quantificador? Duas considerações colocam-se a favor da concepção quantificacional. Primeiro, dado que rejeitamos a doutrina dos objetos não-existentes, qual aplicação tem a alegada propriedade da existência? Na ausência dos não-existentes, ela é uma propriedade de tudo. A nada falta a propriedade da existência. Contudo, ela é uma propriedade puramente formal e não tem nenhuma aplicação causal. O peso, a massa e a velocidade de um carro são propriedades causalmente eficazes, mas a sua existência não (embora, trivialmente, ele não pudesse ter nenhuma propriedade se não existisse). A postulação de tal propriedade é ociosa.

Segundo, mesmo os defensores da concepção da existência como propriedade concordam que as sentenças "George Bush existe" e "$\exists x$ (x = George Bush)" (necessariamente) têm o mesmo valor de verdade (eles somente pensam que a última sentença não apresenta a mesma estrutura lógica que a primeira). Então, o que é obtido, além disso, com a postulação da existência como uma das propriedades de George Bush? Como foi observado, ela não tem nenhuma função explicativa. Por que não admitir a análise quantificacional por razões de economia?[16]

Tudo posto na balança, a concepção quantificacional é mais plausível do que a teoria da existência como propriedade. E, ao rejeitar essa última, deveríamos também rejeitar o seu pecado mais engenhoso: a doutrina dos objetos não-existentes e a concepção de que todos os nomes e descrições siginificativos referem.

OBSERVAÇÕES FINAIS

Neste capítulo, fomos mais generosos com a doutrina do realismo modal do que com a doutrina dos objetos não-existentes. Alguns talvez julguem isso estranho: não são ambas as doutrinas igualmente estranhas e igualmente extravagantes? Talvez não. Há coisas a serem ditas em favor do realismo modal de Lewis. Ele explica a verdade das nossas alegações modais e responde a questões relativas a por que o nosso mundo existe, as quais, de outro modo, permaneceriam obscuras. Porém, exceto o fato de fornecer objetos não-existentes como produtores-de-verdade de sentenças como "O super-homem não existe", não há nada a ser dito em favor da doutrina dos objetos não-existentes.

Além disso, questionamos duas das motivações para aceitar a existência de objetos não-existentes: a doutrina segundo a qual o significado implica a referência e a tese segundo a qual a existência é uma propriedade de objetos ordinários. Russell mostrou-nos o modo de negar a primeira, e as considerações ensaiadas na seção anterior deram-nos as razões para negar a segunda.

QUESTÕES PARA ESTUDO

- O realismo modal é uma posição sustentável?
- O fato de que o nosso universo exista deve nos deixar perplexos?
- Devemos admitir a existência de objetos não-existentes?
- Você pode conceber alguma objeção à teoria das descrições de Russell?
- A existência é uma propriedade de Fido, como a lealdade e a amizade?

LEITURAS RECOMENDADAS

S. Kripke, *Naming and Necessity.* Oxford: Basil Blackwell, 1980. Uma das obras mais brilhantes e influentes da filosofia contemporânea. Kripke oferece uma filosofia da linguagem adequada ao essencialismo e, assim, reabilita a investigação metafísica como central para a filosofia.

D. Lewis, *On the Plurality of Worlds*. Oxford: Basil Blackwell, 1986. Exposição clássica e defesa do realismo modal.

C. McGinn, *Logical Properties*. Oxford: Oxford University Press, 2000. O capítulo "Existence" fornece um enunciado claro de uma posição meinonguiana contemporânea.

RECURSOS NA INTERNET

P. Mackie (1998) "Existence", in E. Craig (ed.), *Routledge Encyclopedia of Philosophy*. Disponível em: <http://www.rep.routledge.com/article/X013>. Acesso em: 31 maio 2006.

B. Miller (2000) "Existence", *The Stanford Encyclopedia of Philosophy (edição de verão 2002)*, Edward N. Zalta (ed.). Disponível em: <http://plato.stanford.edu/archives/sum2002/entries/existence>. Acesso em: 31 maio 2006.

L. N. Oaklander (2005) "Negatives Facts', in E. Craig (ed.), *Routledge Encyclopedia of Philosophy*. Disponível em: <http://www.rep.routledge.com/article/N118>. Acesso em: 31 maio 2006.

3

Universais e particulares

INTRODUÇÃO

O problema dos universais é um dos mais respeitáveis da metafísica, remontando a Platão e Aristóteles. Na raiz, o problema concerne à natureza das propriedades e relações. São as propriedades e relações universais idênticas em suas instâncias (como Platão e Aristóteles pensavam), ou podemos explicar, por exemplo, o que é para uma esfera ser vermelha e, conseqüentemente, o que é para duas esferas ter a mesma cor, sem apelar para as universais?

Os filósofos que sustentam que nós devemos apelar para as universais para explicar a natureza das propriedades e relações são tradicionalmente chamados "realistas de propriedades". Mas existem variedades de cada posição: o realismo de propriedades tem versões platônicas, aristotélicas e russellianas, enquanto o nominalismo divide-se em nominalismo de predicados, nominalismo de classes, nominalismo de semelhanças e teoria dos tropos.

Não seria possível discutir o problema dos universais sem discutir também a natureza daquilo que tem propriedades e pode ser o termo de uma relação: particulares, objetos ou **substâncias** individuais (como são variavelmente conhecidos). Os realistas de propriedades tradicionais em relação aos universais endossam a ontologia que se assenta sobre a distinção substância-atributo (particular-universal) e, portanto, estão comprometidos com ambas as categorias do ser. Contudo, a noção de uma substância individual é posta em questão pelos realistas modernos (como Bertrand Russell) e por alguns nominalistas (como o defensor da teoria dos tropos D.C. Williams).

UNIVERSAIS

Desde Platão, muitos filósofos têm afirmado que propriedades e relações são universais "completamente presentes" em suas instâncias. Se minha bola de bilhar é vermelha, isso é porque a vermelhidão (o universal) é inerente à bola (o particular). Similarmente, se alguma outra bola é vermelha, isso ocorre porque precisamente o mesmo universal é inerente a essa bola também. Se uma bola vermelha está a 30cm de uma bola branca, isso ocorre porque *estar a 30cm de* (o universal) é inerente à distância espacial que há entre elas. Algumas relações (as chamadas relações internas, tais como *ser maior que* ou *ser mais vermelho que*) carecem de ser reais. Que Fred seja maior do que Bill é necessário pelo fato de Fred ter 1,82m de altura, enquanto Bill, 1,52m de altura. Uma vez que tenhamos registrado as alturas particulares de Fred e Bill no inventário do ser, não precisamos acrescentar que Fred é mais alto do que Bill. Em contraste, as relações externas, tais como *estar à esquerda* ou *estar a 30cm de distância,* não são necessárias em função dos seus termos e são acréscimos genuínos ao ser. Em algumas concepções, as relações internas não são universais (posto que não são fundamentais).

REALISMO DE PROPRIEDADES

Em primeiro lugar, devemos mencionar duas concepções totalmente diferentes dos universais: a platônica e a aristotélica. Segundo a concepção platônica, os universais são transcendentes, isto é, existem fora do tempo e do espaço. Eles são objetos **abstratos** imutáveis. Segundo a concepção aristotélica, os universais são imanentes. Eles não existem fora do espaço e do tempo. Estão localizados onde suas instâncias estão localizadas, e em nenhum outro lugar. Como a existência de entidades abstratas fora do espaço e do tempo não depende da existência de entidades concretas no espaço e no tempo, uma conseqüência da concepção transcendente é que os universais podem existir sem serem instanciados (isto é, sem ter instâncias em nenhum momento). Assim, o universal "unicórnio" existe, segundo a concepção platônica, mesmo que não existam unicórnios. Em contraste, segundo a concepção aristotélica, os universais não podem existir sem que sejam instanciados.

Platão tinha interesse por matemática e geometria. Formas geométricas ideais foram o modelo para os seus universais (ou "formas", como ele as chamava). Visto que, por exemplo, o teorema de Pitágoras é verdadeiro independentemente de que algum objeto físico seja exatamente triangular, então, os universais existem independentemente de que tenham instâncias concretas. Em contrapartida, o modelo aristotélico para os universais foi extraído do modelo das espécies em biologia. Se não faz nenhum sentido pensar que possa existir uma espécie que jamais tenha tido quaisquer membros, parecerá não fazer sentido que um universal possa existir sem que tenha quaisquer instâncias.

PLATÃO (427-347 a.C)

Fundador da filosofia ocidental, Platão nasceu em uma família aristocrática, em Atenas, e tornou-se seguidor de Sócrates. Depois da morte de Sócrates, em 399 a.C., começou a escrever diálogos socráticos em memória de seu professor. Alguns anos depois, fundou a Academia, a primeira instituição com estilo de universidade do Ocidente, a qual forneceu um santuário para a iniciação de matemáticos, cientistas e filósofos. As duas principais doutrinas de Platão são a sua teoria das formas e a sua teoria da imortalidade da alma. Em contraste com o mundo efêmero, mutável, que nós vemos ao nosso redor, as formas são abstratas e imutáveis, os verdadeiros objetos do conhecimento. Assim, a forma da justiça existe em um reino abstrato, fora do espaço e do tempo. Os atos humanos individuais ocorrem somente em virtude da sua "participação" na forma da Justiça. Nós todos temos conhecimento das formas antes da nossa encarnação física atual. Elas são o fundamento da metafísica de Platão, mas também desempenham um papel-chave em sua filosofia política. Na cidade ideal de Platão (delineada em sua obra mais famosa, *A República*) são os filósofos que governam, já que somente eles entendem as formas, em particular a forma do Bem.

ARISTÓTELES (384-322 a.C)

Nascido na cidade macedônica de Estagira, Aristóteles viveu grande parte de sua vida em Atenas. Ele se inscreveu na Academia de Platão em 367 a.C. e ali permeneceu durante 20 anos, primeiro como estudante, depois como professor e escritor. Deixou Atenas após a morte de Platão (347 a.C.), mas retornou posteriormente para fundar a sua própria escola, o Liceu. Aristóteles foi o filósofo mais sistemático da Antigüidade. Ele originou a concepção da filosofia como uma investigação intelectual, dividida em ramos distintos: lógica, investigação científica (em grande parte, biologia e cosmologia), metafísica, o problema mente-corpo, ética e política e crítica literária. Aristóteles fez contribuições originais em todas as áreas e, ao fazê-lo, ajudou a definir o que hoje concebemos como filosofia. Foi muito discutido pelos medievais depois que apareceram traduções das suas obras para o latim no século XII. Sua influência foi posteriormente reforçada, e legitimada, quando Tomás de Aquino fez do aristotelismo a base da teologia católica.

A essência do tradicional realismo de propriedades é razoavelmente clara: objetos (particulares ou "substâncias individuais", no vocabulário mais tradicional) têm, isto é, instanciam propriedades, dois (ou mais) objetos podem, completa e literalmente, ter uma e a mesma propriedade; desse modo, propriedades são universais que podem estar inteiramente presentes em dois ou mais lugares e ao mesmo tempo.[1]

Uma motivação para o realismo de propriedades, e certamente uma das motivações de Platão, tem origem em considerações relativas ao significado dos termos gerais. Consideremos uma teoria referencial do significado de acordo com a qual o significado de uma palavra é uma entidade, a entidade referida pela palavra. No caso dos termos singulares, por exemplo, nomes próprios comuns tais como "Sócrates", "Red Rum" e "Edimburgo", existe pouca dificuldade de se identificar as entidades que, de acordo com a teoria referencial, são os significados dessas palavras: o homem Sócrates, o cavalo Red Rum e a cidade de Edimburgo, respectivamente. Mas o que dizer de termos gerais como "cavalo" e "cidade" (isto é, termos que se aplicam a muitas entidades)? Quais entidades essas palavras referem? Elas não se referem a um cavalo particular ou a uma cidade particular (pois, por que este cavalo ou por que esta cidade?). É por essa razão que são chamados de termos gerais: eles se aplicam total e geralmente a todos os cavalos e a todas as cidades, respectivamente. Portanto, pensou Platão, se termos gerais não nomeiam particulares, eles devem nomear universais (tais como *urbanidade* e *eqüinidade*).

Poucos filósofos de nossos dias aceitam esse argumento semântico como solução do problema dos universais. Primeiro, o argumento pressupõe que, se a palavra "cavalo" refere, ela refere ou um cavalo particular ou o universal *eqüinidade*. Contudo, essa suposição pode ser questionada: por que não ver a palavra "cavalo" como se referindo a cada cavalo? Um defensor do argumento semântico deve eliminar essa alternativa se quiser que seu argumento seja bem-sucedido. Segundo, e mais fundamental, por que deveríamos aceitar a alegação subjacente de que o significado de uma palavra é alguma entidade que a palavra representa? (Ver Capítulo 2.) Nomes como "Papai Noel" e "Odisseu", por exemplo, são perfeitamente significativos, ainda que não exista ninguém a quem eles se refiram (eles são nomes vazios). Em vez de conceber o significado como referência, talvez seja melhor concebê-lo como função dos seus usos dentro de uma comunidade lingüística. Segundo essa concepção, o referente de uma palavra, se ela tem um, é irrelevante para o seu significado.

Contudo, há um outro argumento, metafísico, em favor dos universais. Ele se enuncia como segue:

> Considerem-se duas esferas vermelhas exatamente similares. Elas têm a mesma cor (entre outras similaridades). A cor de uma esfera é literalmente

a mesma, ou seja, **numericamente idêntica** à cor da outra. O que está presente em uma também está presente na outra. Particulares não podem estar (inteiramente) em dois lugares ao mesmo tempo, mas os universais podem. Nenhum particular (tal como um homem ou um cavalo) pode estar inteiramente presente em dois lugares ao mesmo tempo. É claro, uma parte de um cavalo (por exemplo, sua perna esquerda frontal) pode estar, e estará, em um lugar diferente de outra parte (por exemplo, sua perna direita frontal). Mas o cavalo não pode estar, em sua inteireza, em dois lugares ao mesmo tempo. Em contraste, a essência de um universal é sua repetibilidade: ele pode estar inteiramente presente em diferentes lugares ao mesmo tempo. Portanto, para explicar o truísmo segundo o qual diferentes objetos podem ter a mesma propriedade, inteiramente presente em cada objeto, devemos apelar para os universais.

O problema que há nesse argumento é que nem todo uso de "mesmo" expressa identidade numérica estrita. Alguns usos expressam: por exemplo, quando dizemos de duas crianças que "elas têm a mesma mãe". Em tal caso, de fato, estamos dizendo que a mãe de uma criança é literalmente, numericamente, a mesma mãe da outra. Mas considere o uso de "mesmo" em "ele tem os mesmos olhos que o seu pai". Aqui, a palavra "mesmos" expressa **identidade qualitativa** (isto é, similaridade de aparência, e não identidade numérica. O sentido de "mesmo" em "elas têm a mesma mãe" é completamente diferente do seu sentido em "eles têm os mesmos olhos".

Essa observação tem o potencial de frustrar o argumento metafísico em favor dos universais. Do fato de que X é o mesmo F de Y não se segue que existe alguma propriedade de X que seja numericamente idêntica a –enquanto oposta a meramente similar a – alguma propriedade de Y. O defensor do argumento metafísico precisará apresentar um exemplo em que o uso de "o mesmo F" em questão expresse identidade numérica. Tal exemplo pode ser plausível em relação aos termos gerais substantivos (como "homem" ou "cavalo"), mas menos plausível em relação aos termos gerais qualitativos (como "vermelho" ou "redondo").

OBJEÇÕES AO TRADICIONAL REALISMO DE PROPRIEDADES

Nem o argumento semântico nem o metafísico em favor dos universais são convincentes. Existe um argumento positivo contra os universais? Uma objeção ao realismo de propriedades é que ele não oferece nenhuma explicação para a conexão entre um particular (por exemplo, Sócrates) e suas propriedades. Considera-se que um particular instancia vários universais. Mas o que é a instanciação? É uma relação? É primitiva e não-analisável? Devemos considerá-la um enigma?[2]

Segundo, explicar a comunidade de atributos em termos de instanciação do mesmo universal leva a uma regressão ao infinito. Aristóteles insistiu nessa objeção contra a concepção platônica, transcendente, dos universais. Seu "argumento do terceiro homem" pretende demonstrar que a teoria das formas de Platão leva a uma regressão ao infinito. (Esse argumento pode ser encontrado no *Parmênides,* de Platão, mas a versão de Aristóteles é mais familiar).

Procedendo a partir do pressuposto de que a forma de F é, ela própria, um F (o pressuposto da autopredicação), o argumento do terceiro homem opera como segue. Platão tenta esclarecer o que todos os homens têm em comum, aquilo em virtude do qual eles são compreendidos sob o termo geral "homem", mencionando uma relação ("participação" ou "imitação") de acordo com a qual cada homem representa a forma Homem. Porém, se a própria forma Homem é incluída sob o termo geral "homem", então precisamos postular uma outra forma Homem1 para explicar o que todos os homens individuais e a forma Homem têm em comum. Contudo, se a forma Homem1 também é um homem, então precisamos postular uma terceira forma Homem2 para explicar por que os homens individuais, a forma Homem e a forma Homem1 são todos homens. E assim por diante, *ad infinitum.* O regresso é vicioso, pois, para explicar os atributos comuns em qualquer nível, somos obrigados a aceitar o nível posterior e, assim, nunca obtemos uma explicação genuína.

Embora o argumento do terceiro homem elaborado por Aristóteles tenha sido dirigido contra a teoria das formas de Platão, muitos foram os que viram nele um argumento contra todas as teorias dos universais. Mesmo teorias dos universais como a de Aristóteles, que não aceitam o pressuposto da autopredicação e concebem os universais como pertencentes a este mundo, são vulneráveis ao argumento baseado no regresso. Sempre que dois ou mais particulares instanciam um universal, essas mesmas instanciações serão instâncias da Instanciação universal. O que explica os atributos comuns entre as diferentes instâncias da Instanciação deve ser a presença de uma outra Instanciação1 universal. O que explica os atributos comuns entre diferentes instâncias da Instanciação1 deve ser a presença de uma outra Instanciação2 universal. E assim por diante, *ad infinitum*, dado somente o pressuposto realista segundo o qual todo e qualquer atributo comum deve ser explicado como a instanciação de um universal.

Podemos apresentar o regresso ao infinito de forma menos solene, tal como segue. Onde A e B têm algum atributo comum (digamos, ambos são F), o realista postula um universal (F-idade)[*] que ambos instanciam. Mas então os fatos ou estados de coisas das instanciações

---

[*] N. de T.: Universal que indica generalidade ou abstração de qualquer atributo representado por 'F'.

de F-idade por A e B têm um atributo comum (ambos são casos de instanciação); assim, devemos postular um universal (Instanciação) que ambos os estados de coisas instanciam.[3] Agora, os dois complexos estados de coisas de {[a instanciação de F-idade por A] instanciando Instanciação} e {[a instanciação de F-idade por B] instanciando Instanciação} têm um atributo comum. Desse modo, devemos postular um outro universal (Instanciação1) que ambos os estados de coisas instanciam. E assim por diante.

Terceiro, há um problema concernente àquilo que tem propriedades ou instâncias universais (a substância particular ou individual). O realismo propriedades tradicional endossa a ontologia padrão de substância e atributo (que corresponde à distinção sujeito-predicado em gramática). Uma substância (como um cavalo particular) não é idêntica às suas propriedades, mas *tem* essas propriedades. Uma substância não é somente a soma de suas propriedades; ela é alguma coisa além, sob e abaixo de suas propriedades. Mas isso origina uma preocupação epistêmica imediata. Visto que tudo o que percebemos e a que reagimos são propriedades, como podemos ter conhecimendo de uma substância?

A TEORIA DO FEIXE DE RUSSELL

Bertrand Russell (1872-1970) é um realista em relação a propriedades que rejeita a noção tradicional de substância e vê os objetos comuns como feixes de universais. Desse modo, ele evita as objeções usuais ao realismo de propriedades tradicional antes relatadas. Por exemplo, não pode haver nenhum problema relativo à ligação entre substância e universal, já que não existem quaisquer substâncias (tal como normalmente concebidas).

Por que Russell estava insatisfeito com a noção de substância? Uma substância ou particular, escreveu ele,

> não pode ser definida, reconhecida ou conhecida; ela é algo que serve ao propósito meramente gramatical de fornecer o sujeito em uma sentença da forma sujeito-predicado tal como "Isto é vermelho". E reconhecer que a gramática determina a nossa metafísica é hoje geralmente reconhecido como perigoso (...) A noção de substância como um bode expiatório para o problema dos predicados é repugnante.[4]

A resposta de Russell foi eliminar a categoria da substância e conceber objetos comuns como feixes de universais. Tendo dispensado as substâncias, ele precisava de uma explicação para o que unifica e separa objetos distintos. Para explicar a unidade de um objeto singular, ele apelou para a noção de "co-presença", definida inicialmente para o caso das experiências. Se vejo um pássaro voar anterior e simultaneamente à audição das badaladas de um sino, as duas experiências são co-presentes (tidas pelo mesmo sujeito). Mais geralmente, as qualidades que constituem um objeto, como a minha cadeira, são co-presentes uma com a outra, de modo que nenhuma outra qualidade no universo está co-presente com todas essas qualidades. Essas qualidades, para Russell, são universais: a qualidade marrom do meu carpete é estritamente idêntica à qualidade marrom da minha escrivaninha.

Entretanto, a teoria de Russell enfrenta dois problemas. Primeiro, a "co-presença" é somente um rótulo. Não nos é dito de que modo vários universais se combinam – sem inerir a uma substância – para formar um objeto como um cavalo particular. Segundo, o que torna os objetos distintos um do outro, segundo a visão de Russell? Como Russell salienta, embora os homens tenham algumas qualidades em comum (tais como a humanidade), dois homens não são exatamente iguais. Há sempre alguma diferença entre dois homens, mesmo que trivial (por exemplo, diferenças no número de cabelos em suas cabeças, ou no número de moléculas que compõem suas mãos esquerdas, etc.). Como diz Russell, "é somente o conjunto de qualidades que torna o caso único".[5] Desse modo – Russell pode alegar – sempre que dois indivíduos forem distintos, haverá alguma diferença nos feixes correspondentes de universais em virtude dos quais eles são distintos.

Contudo, essa alegação apenas provoca uma objeção. Embora dois objetos não sejam exatamente iguais, não é possível que existam dois objetos exatamente iguais? Por exemplo, não poderia existir um mundo que contivesse somente duas esferas exatamente similares? Para Russell, não pode existir um tal mundo. Se os objetos são feixes de universais, então a identidade do feixe implica a identidade dos objetos. Se as "duas" esferas são compostas dos mesmos universais, elas não podem ser duas em termos numéricos. "Elas" são uma. Porém, intuitivamente, é possível que existam duas esferas exatamente similares. A teoria de Russell elimina essa possibilidade, o que é uma objeção à sua teoria.

VARIEDADES DE NOMINALISMO

Nós vimos que existem problemas que se colocam no caminho do realismo de propriedades tradicional e da teoria do feixe de Russell. Seriam as perspectivas do nominalismo de algum modo mais claras? Examinaremos a seguir a variedade de concepções que tentam explicar os objetos e suas propriedades sem apelar para os universais.

NOMINALISMO DE PREDICADOS

De acordo com o nominalismo de predicados, para x ser F, o predicado "F" deve aplicar-se a – ou ser verdadeiro para – x. O que torna verdadeiro que x e y são ambos F é que "F" aplica-se a x e a y. O que torna verdadeiro que uma esfera é vermelha é simplesmente que o predicado "vermelho" aplica-se a essa esfera.

Essa teoria está sujeita a sérias objeções. Primeiro, certamente existem propriedades no universo que nunca serão descobertas e para as quais não existe nenhum predicado na linguagem natural. O nominalismo de predicados parece constitutivamente incapaz de reconhecer a possibilidade de tais propriedades. Segundo, e mais fundamentalmente, essa espécie de nominalismo parece colocar a carreta na frente dos bois. Intuitivamente, x ser F não consiste em "F" aplicar-se a x; em vez disso, "F" aplica-se a x porque x é F. Se x é F (digamos, uma montanha que tem certa altura), x ainda seria F mesmo se nenhuma linguagem existisse. (Essas objeções também se aplicam ao nominalismo de conceito: a concepção segundo a qual x é F em virtude do fato de que x cai sob o conceito de F.)

NOMINALISMO DE CLASSES

De acordo com o nominalismo de classes, para x ser F, x deve pertencer à classe dos Fs. O que torna verdadeiro que x e y são ambos F é que x e y são membros da classe dos Fs. Assim, que uma esfera é vermelha significa que essa esfera pertence à classe das coisas vermelhas.

O nominalismo de classes evita a primeira objeção ao nominalismo de predicado. Que um objeto seja membro de uma certa classe não depende de que tenhamos descoberto a classe ou de que tenhamos uma palavra para designá-la. (A classe dos elétrons existia antes de a conhecermos.) Contudo, a segunda objeção ainda parece aplicar-se: intuitivamente, x é um membro da classe dos Fs porque x é F, e não *vice-versa*.

Além disso, o nominalismo de classes incorre em duas objeções por sua própria conta. Primeiro, a relação de pertença a uma classe é, ela mesma, universal, instanciada quando quer que um objeto seja membro de uma classe. Portanto, o nominalismo relativo a classe está implicitamente comprometido com os universais e, por isso, não funciona propriamente como uma versão genuína do nominalismo. Segundo, suponhamos que todos os Fs, e somente eles, sejam Gs (por exemplo, suponhamos que fosse o caso que todas as coisas vermelhas, e somente elas, fossem vermelhas). Visto que a classe dos Fs é a classe dos Gs, segue-se, de acordo com o nominalismo de classes, que a propriedade de ser F é a propriedade de ser G – um resultado absurdo.

Um problema conexo surge para qualquer par de termos gerais vazios, tais como "unicórnio" e "dragão". Aplicando-se a estratégia do nominalismo de classes, obtemos: x é um unicórnio se x pertence à classe dos unicórnios, enquanto y é um dragão se y pertence à classe dos dragões. Entretanto, a classe dos dragões é a classe dos unicórnios (isto é, a classe que não têm nenhum membro, a classe nula). Nesse caso, o nominalismo de classes está comprometido com o absurdo de que a propriedade de ser um unicórnio é a mesma propriedade de ser um dragão. (Essa é uma variante da segunda objeção, pois, se não existe nenhum F e nenhum G, então, trivialmente, todos os Fs, e somente eles, são Gs.)

NOMINALISMO DE SEMELHANÇAS

De acordo com o nominalismo de semelhanças, para x ser F, x deve pertencer a uma classe de objetos que se assemelham um ao outro, onde "semelhança" é tratada como uma relação primitiva, não-analisável. O que torna verdadeiro que x e y são ambos F é que eles se assemelham um ao outro. Uma esfera é vermelha porque ela é um membro de uma classe de objetos semelhantes.

Entretanto, há três problemas relacionados a essa versão do nomina-lismo. Primeiro, um objeto como uma esfera vermelha é um membro de uma multiplicidade de classes semelhantes. Por exemplo, ele é um membro da classe de coisas vermelhas e um membro da classe de coisas esféricas. Contudo, certamente, a esfera não é vermelha em virtude das coisas que são similarmente esféricas; ela é vermelha em virtude das coisas similarmente vermelhas. Ou seja, ela é vermelha porque se assemelha a outros objetos pela cor (em vez de pela forma). Nesse caso, a semelhança não é mais uma relação não-analisável, mas admite aspectos. Além disso, o que são aspectos senão universais?

Russell tinha uma objeção similar, porém mais fundamental: a relação de semelhança é, ela própria, um universal. Escreve ele:

> Se queremos evitar os universais *brancura* e *triangularidade*, devemos escolher uma mancha branca particular ou um triângulo particular e dizer que algo é branco ou é um triângulo se tem a espécie apropriada de semelhança com o particular que escolhemos. Mas, então, a semelhança requerida terá de ser um universal. Como existem muitas coisas brancas, a semelhança deverá aplicar-se a muitos pares de coisas brancas particulares; e essa é a característica de um universal.[6]

Nesse caso, como ocorre com o nominalismo de classes, o nominalismo de semelhanças não evita um comprometimento implícito com universais.

Finalmente, há um problema relacionado aos termos gerais unicamente instanciados. De acordo com o nominalismo de semelhanças, um objeto é esférico se ele se assemelha a outros objetos com respeito à forma. O que diríamos, porém, se o universo contivesse uma esfera singular e nada mais? Ele seria, então, esférico? Porém, o nominalismo de semelhanças deve negar isso, pois não existe nada neste mundo a que a esfera possa assemelhar-se. Essa é, com certeza, uma conseqüência desagradável.

TROPOS

O nominalismo de tropos é a versão mais interessante e mais extrema do nominalismo. Todas as outras versões do nominalismo estão de acordo com o realismo de propriedades sobre quais coisas são particulares; elas somente discordam quanto à necessidade de postular outras entidades, universais. A teoria dos tropos discorda tanto do nominalismo moderado quanto do realismo de propriedades sobre quais coisas são particulares: propriedades e relações são concebidas como particulares. Tropos (isto é, propriedades e relações concebidas como particulares) foram chamados "particulares abstratos", em contraste com particulares mais familiares (objetos concretos comuns).[7] Assim, você, eu e a Torre Eiffel são particulares concretos; seu sorriso, a cor dos meus olhos e a altura da Torre Eiffel são particulares abstratos.

Apresentada por G.F. Stout no século XIX, a teoria dos tropos foi substancialmente desenvolvida e defendida por Donald Williams e Keith Campbell no século XX. Para Williams, tropos são os itens básicos do universo, o "alfabeto do ser". "Todos os mundos possíveis, e, portanto, é claro, este nosso mundo, são completamente constituídos por seus tropos e suas conexões de locação e similaridade".[8] Conforme a teoria dos tropos, propriedades e relações são particulares abstratos, e não universais. Assim, suponhamos que haja duas bolas de bilhar diante de nós. Elas são exatamente similares. Em particular, ambas são vermelhas, mas não porque compartilham uma propriedade comum. Antes, a vermelhidão de uma bola é um (irrepetível) particular, numericamente distinto da, mas exatamente semelhante à vermelhidão da outra bola. Cada vermelhidão é um particular abstrato distinto (um tropo).

Geralmente contrastamos um particular concreto com suas propriedades: por exemplo, contrastamos um homem (Bill) com sua calvície. Não concebemos a calvície de Bill, ela própria, como um particular, mas isso é o que a teoria dos tropos afirma. Outros podem ser tão altos quanto Bill; porém, eles têm o seu próprio tropo de altura numericamente distinto do tropo da altura de Bill. Relações também são tropos: o fato de Bill ser trinta centímetros mais alto do que Fred e Anne ser trinta centímetros mais alta do que Mary não são a mesma relação: elas são dois tropos de relação exatamente similares.

Conforme a teoria dos tropos padrão, objetos concretos ordinários não são substâncias (como habitualmente concebidas), mas feixes de tropos. O que é a relação entre um objeto concreto e os tropos que o constituem? Se respeitamos a intuição do senso comum segundo a qual algumas propriedades de um particular concreto são acidentais, a relação de um objeto concreto com seus tropos não pode ser aquela de um conjunto com os seus membros. Visto que a calvície é uma das propriedades **acidentais** de Bill, não deveríamos conceber a calvície de Bill

TROPOS

A teoria dos tropos é uma versão radical do nominalismo. Como todas as versões do nominalismo, ela nega a existência de universais. Além disso, a teoria dos tropos sustenta a concepção extrema segundo a qual propriedades e relações são, elas próprias, particulares – particulares abstratos. Assim, a vermelhidão de uma bola de bilhar particular é um abstrato particular, localizado onde a bola está e em nenhum outro lugar. Uma bola de bilhar diferente, porém exatamente similar tem um tropo de vermelhidão numericamente diferente, porém exatamente similar. Não existe nenhuma propriedade de cor comum a ou instanciada em ambas as bolas. E assim ocorre similarmente com todas as outras propriedades e relações das bolas. De acordo com uma versão padrão da teoria dos tropos, particulares ordinários (isto é, o que todas as teorias classificam como particulares – você, eu, o próximo vencedor da Copa Melbourne, etc.) somos compostos de particulares abstratos. Uma bola de bilhar é composta de um tropo de cor, um tropo de forma, um tropo de peso, etc. O universo consiste de tropos. Eles são o "alfabeto do ser" a partir do qual tudo mais é construído. Questões que ficam para a teoria dos tropos. Poderia o tropo da vermelhidão existir somente por si próprio? Se não, por que não? Quais tropos se juntam para formar objetos singulares? Alguns tropos são básicos, enquanto outros são redutíveis ou elimináveis?

como um membro do conjunto de tropos que constituem Bill. Se assim o fizéssemos, já que um conjunto contém os seus membros essencialmente, seguir-se-ia que Bill é essencialmente calvo (o que ele não é). Em contraste, outras propriedades de Bill podem ser **essenciais** a ele (por exemplo, sua humanidade). Talvez seja impossível para Bill existir e ser outra coisa que não um ser humano. Se for assim, o tropo da humanidade de Bill será essencial para o feixe que é Bill.

A relação entre um objeto comum e seus tropos deve, presumivelmente, ser uma relação do todo com a parte, e não a do conjunto com seus membros. Algumas partes são acidentais, outras essenciais. O misterioso "é" da instanciação é, assim, substituído pelo "é" de "é uma parte de". A sentença "Bill é calvo" é verdadeira não porque Bill instancia o universal *calvície*, mas porque um tropo de calvície é uma parte do feixe de tropos que é Bill.

O grande mérito da teoria dos tropos é que ela evita muitas das objeções examinadas até aqui. Ela escapa a objeções formuladas a outras versões do nominalismo, pois não analisa o que é para um objeto ter uma propriedade em termos de qualquer relação entre esse objeto e algo mais (predicados, classes, classes de objetos semelhantes, etc.). Se uma esfera é vermelha é porque ela contém um tropo vermelho, e isso não é uma questão de ela manter qualquer relação com algo mais. Embora a teoria dos tropos sirva-se da noção de similaridade ou semelhança, ela não concebe essa relação, ou qualquer outra relação, como um universal. A assemelhar-se a B e C assemelhar-se a D são distintos tropos de semelhança, não um universal duplamente instanciado. Portanto, os problemas que se colocam para o realismo de propriedades tradicional não se colocam para a teoria dos tropos. Por exemplo, não há nenhuma preocupação com o regresso ao infinito, pois a comunidade não é explicada em termos de instanciação, mas sim em termos de semelhança.

Entretanto, há problemas para a teoria dos tropos. Primeiro, os seus defensores substituem a relação de instanciação pela relação parte-todo. Mas o que é essa relação? Não nos foi dito nada sobre ela, a não ser que algumas partes (tropos) são essenciais a um feixe, enquanto outras são acidentais. Ao invés de esclarecer as coisas, isso faz surgir outro quebra-cabeça: como pode um tropo ser essencial a um feixe? O que o torna essencial? Um feixe é uma espécie de coisa que pode ter partes essenciais?

Segundo, mesmo que não haja nenhum problema de instanciação para o teórico dos tropos, há o problema relativo ao que liga os tropos de modo a formar um objeto singular. (Um tipo diferente de teórico adepto dos feixes, Russell enfrentava um problema análogo.) Um feixe de tropos pode ser "co-locado", mas qual é a cola que os unifica? Essa é uma questão para a ciência ou para a metafísica? Ela pode ser respondida de alguma maneira?

Terceiro, a estratégia do teórico dos tropos é substituir a relação de instanciação pela relação parte-todo. Isso funciona bem no caso das predicações que envolvem objetos particulares, mas o que dizer sobre predicações que envolvem tropos? Podemos verdadeiramente dizer muitas coisas sobre um dado tropo de vermelhidão: ele é vermelho, colorido, vermelho ou verde, meu tropo favorito, em Camberra, teve lugar durante 2006, etc. Visto que um tropo não é um feixe, não podemos considerar a sentença "este tropo é vermelho" como tornada verdadeira porque um tropo de vermelhidão contém um feixe. Como, então, devemos entender essas predicações, senão nos termos da instanciação de uma propriedade em um tropo? Não estamos de volta aos universais?

Há problemas para a teoria dos tropos tanto quanto os há para todas as outras teorias. Contudo, essa teoria é uma nova explicação para a natureza dos objetos e propriedades e bastante merecedora de mais investigação.

OBSERVAÇÕES FINAIS

Percorremos uma boa parte do intrincado caminho neste capítulo e nossas conclusões são as seguintes. Existem sérios problemas que se colocam tanto para o realismo de propriedades tradicional quanto para o realismo russelliano, e sérios problemas que surgem para as concepções nominalistas, tanto as moderadas quanto as extremadas. A teoria dos tropos talvez seja a explicação mais promissora – ou a menos insatisfatória – das propriedades, embora esse projeto ainda tenha muito a percorrer no caminho dessa empresa infinita.

QUESTÕES PARA ESTUDO

- Qual é a diferença entre as concepções platônicas e aristotélicas dos universais?
- O que é a distinção entre identidade numérica e identidade qualitativa?
- Como um defensor dos universais pode bloquear o regresso da instanciação?
- Alguma versão do nominalismo é defensável?
- O que é um tropo?

LEITURAS RECOMENDADAS

D.M. Armstrong, *Universals: An Opinionated Introduction*. Boulder, Col.: Westview Press, 1989. De longe é a melhor introdução ao tópico dos universais, escrita por um dos seus mais convictos defensores. Armstrong também apela para os universais a fim de explicar as leis da natureza: é uma lei da natureza que todos os Fs são Gs porque os universais F e G estão necessariamente conectados.

K. Campbell, *Abstract Particulars*. Oxford: Basil Blackwell, 1990. Uma defesa clara e vigorosa da teoria dos tropos.

B. Russell, *The Problems of Philosophy*. Oxford: Oxford University Press, 1978, Capítulos 9 e 10. Escrito em 1912, esse livro permanece como uma das introduções clássicas à filosofia. No Capítulo 9, Russell argumenta em favor da existência dos universais (transcendentalmente contruídos) e oferece uma famosa objeção ao nominalismo de semelhanças. No Capítulo 10, considera a questão de saber como nós conhecemos os universais. Ele sustenta que todo conhecimento *a priori* é conhecimento de relação entre universais.

RECURSOS NA INTERNET

J.C. Bigelow (1998) "Universals", in E. Craig (ed.), *Routledge Encyclopedia of Philosophy*. Disponível em: <http://www.rep.routledge.com/article/N065>. Acesso em: 31 maio 2006.

C. Daly (2005) "Properties", in E. Craig (ed.), *Routledge Encyclopedia of Philosophy*. Disponível em: <http://www.rep.routledge.com/article/N121SECT14>. Acesso em: 31 maio 2006.

C. Swoyer, "Properties", *The Stanford Encyclopedia of Philosophy (edição do inverno de 2000)*, Edward N. Zalta (ed.). Disponível em: <http://plato.stanford.edu/archives/win2000/entries/properties>. Acesso em: 21 maio 2006.

4

Causação

INTRODUÇÃO

Nossa linguagem é rica em discurso causal. Freqüentemente usamos a própria palavra "causa" – "fumar causa câncer", "suas palavras causaram ofensa", etc. – mas também usamos muitos verbos que pressupõem a causação: "eles haviam empurrado o seu carro", "ela o puxou para perto dela", etc. Esse discurso faz surgir inúmeras e diferentes questões acerca das quais há pouco consenso. A principal delas concerne à natureza da própria causação. A discussão moderna dessa questão foi inaugurada por David Hume (1711-1776). Contudo, há questões preliminares envolvendo a causação que devem ser consideradas primeiramente e que ajudarão a montar a cena para a discussão da questão mais importante e mais conhecida sobre a natureza da causação.

DAVID HUME (1711-1776)

Nascido em Berwickshire, Escócia, Hume é geralmente considerado o maior filósofo da língua inglesa. Ele foi também um notável historiador e ensaísta. Seguindo a tradição de Locke e Berkeley, Hume foi um empirista, um naturalista e um cético. Suas principais obras filosóficas – *Tratado da natureza humana* (1739-1740), *Investigação sobre o entendimento humano* (1748), *Investigação sobre os princípios da moral* (1751), bem como a obra publicada postumamente *Diálogos sobre a religião natural* (1779) – foram imensamente influentes, embora criticadas à época como obras de ceticismo e ateísmo. A fama e a fortuna eventuais de Hume deveram-se em grande parte à publicação da sua *História da*

Inglaterra (1754-1762) em seis volumes. Sua reputação de ateísta impediu sua eleição para cátedras em Edimburgo (1745) e Glasgow (1752). Ele nunca ocupou um posto acadêmico. Homem agradável e sociável, Hume fez amizade com os principais intelectuais do seu tempo. Ele contava com Adam Smith, James Boswell, Denis Diderot e Jean-Jacques Rousseau entre os seus amigos e conhecidos.

QUESTÕES PRELIMINARES

Aqui estão seis questões preliminares:

(1) Existem dois tipos de causação – singular e geral – ou existe um tipo de causação atuando entre espécimes* e entre tipos?
(2) Quais são os *relata* da relação causal? Quando dizemos algo como "A causou B", que tipos de entidade são A e B?
(3) Qual é a lógica da relação causal?
(4) Qual é a direção temporal da causação?
(5) Com que direito descrevemos uma causa, dentre a pletora de condições prévias, como "a causa" de um evento?
(6) Em que consiste a ligação entre causação e leis da natureza?

(1) É importante distinguir **afirmações causais singulares** (suas palavras causaram ofensa) de **afirmações causais gerais** (fumar causa câncer). As primeiras referem-se a fenômenos particulares datáveis (espécimes), enquanto as segundas referem-se a tipos de fenômenos. É claro, afirmações causais singulares e gerais dificilmente estão desconectadas. O fato de que fumar causa câncer dificilmente está desconectado do fato de que doses constantes da fumaça de cigarro causam em algumas pessoas o desenvolvimento de câncer. Contudo, é uma outra questão se, além de afirmações causais singulares e gerais, existem também tipos de causação singulares e gerais. Qualquer que seja a resposta a essa questão, neste capítulo nós nos ocuparemos somente da causação singular.

(2) Quais são os *relata* dos casos de causação (singular)? Três candidatos usuais são: objetos, eventos e fatos. Quanto à primeira opção, dizemos coisas como "o carro matou o homem", "Mary matou Sally", etc., sugerindo que objetos (o carro e o homem, Mary e Sally) são os *relata* da relação causal "matou". Porém, certamente, esse é apenas um modo vago de falar. Estritamente falando, foi o impacto do carro que causou a morte do homem e foi o golpe do punhal que causou a morte de Sally.

Isso nos leva à segunda opção: causas e efeitos não são objetos, mas eventos (ou seja, acontecimentos ou mudanças em objetos). Donald

---

* N. de T.: No original, *token*.

Davidson é o filósofo moderno mais intimamente associado a essa concepção.[1] De acordo com ela, toda afirmação causal singular, se não está explicitamente conectada a eventos, sempre pode ser traduzida de modo que esteja conectada a eventos, revelando, então, a verdadeira estrutura lógica da afirmação causal. Assim, "o carro matou o homem" deveria ser traduzida como:

a) o impacto do carro causou a morte do homem

tornando explícito que os *relata* são eventos.

De acordo com a terceira opção, fatos são os *relata* causais. Embora eventos sejam caracteristicamente indicados por meio de descrições definidas ("a morte do homem"), fatos tendem a ser denotados por sentenças completas ("o homem morreu"). Conforme essa opção, defendida recentemente por Hugh Mellor, toda sentença causal não explicitamente conectada a eventos poderia e deveria ser traduzida em termos de fatos.[2] Assim, "o carro matou o homem" deveria ser reformulada como:

b) o homem morreu porque o carro andou

tornando explícito que os *relata* são fatos.

Se pusermos a primeira concepção de lado, qual das duas concepções restantes é a correta? Um argumento é a favor da concepção dos eventos e contra a concepção dos fatos. Os eventos são mudanças que ocorrem em objetos concretos e, portanto, precisamente o tipo de coisa que realiza a verdadeira ação causal; em contraste, os fatos parecem abstratos e inertes. Outro argumento é a favor dos fatos e contra os eventos. Ausências podem ser causas e ausências não são eventos. Mellor dá o seguinte exemplo: pode ser verdadeiro dizer de Don enquanto escala a montanha que "ele não morreu porque não caiu".[3] Ou seja, o fato de Don não morrer foi causado pelo fato de ele não cair. Se podem existir fatos negativos, mas não eventos negativos, esse exemplo conta a favor dos fatos.

Neste capítulo, nossos exemplos serão apresentados em termos de causação por eventos, mas isso não deve ser tomado como uma defesa da concepção dos eventos.

(3) Relações podem ser classificadas como reflexivas, simétricas e transitivas.[4] Como ocorre a relação causal de acordo com essas dimensões lógicas? É indiscutível que a causação não é reflexiva: não é qualquer evento que é causa de si mesmo. Ela é, então, irreflexiva? Ou seja, é impossível para um evento causar a si mesmo? Não se **cadeias causais** são logicamente possíveis. Se cadeias causais são logicamente possíveis (o que elas de fato são se incursões pelo passado são possíveis), então pode haver casos em que A causa B e B causa A e, portanto, A causa a si mesmo. (Ver Capítulo 6.)

A causação é simétrica ou assimétrica? Ela certamente não é simétrica. Ou seja, não é o caso que, se A causa B, B causa A. Ela é, então, assimétrica. Ou seja, se A causa B, segue-se que B não causa A? Certamente, em nosso mundo, se A causa B, B não causa A. Contudo, se cadeias causais são possíveis, pode haver casos em que A causa B e B causa A. Se essa é uma possibilidade, então a causação não é nem simétrica nem assimétrica: ela é não-simétrica.

A causação é transitiva? Ou seja, se A causa B e B causa C, segue-se que A causa C? Novamente, as opiniões diferem. Eis aqui duas considerações que contam contra a transitividade. Primeiro, podemos não estar dispostos a aceitar que o *Big Bang* seja a causa de eu escrever estas palavras; no entanto, é com isso que estaremos comprometidos se concebermos a causação como transitiva. Segundo, consideremos o seguinte exemplo. A pedra rolando montanha abaixo causa a esquiva do alpinista, sua esquiva causa sua sobrevivência, embora estejamos inclinados a negar que a pedra rolando montanha abaixo seja a causa de ele sobreviver.[5] Por essas razões, talvez não devamos considerar a causação como transitiva.

(4) Qual é a direção da causação? Em nosso mundo, se A causa B, A é anterior a B. Mas essa é uma verdade necessária? Como veremos, em sua definição de "causa" Hume estabeleceu que uma causa precede o seu efeito. Contudo, muitos consideraram que isso transforma um problema substantivo em uma questão de estipulação. Para muitos filósofos, a causação retroativa é uma possibilidade teórica, e qualquer teoria da causação que estabelece de outra maneira seria por isso suspeita. Novamente, esse é um terreno controverso, mas parece plausível sustentar que, embora similar em outros aspectos, é um ponto contra uma teoria da causação que ela, por definição, exclua a possibilidade da causação retroativa ou mesmo simultânea.

(5) Nós invariavelmente falamos *a* causa de um evento. Por exemplo, dizemos que a causa da explosão foi eu ter acendido o fósforo. Porém, existiram muitas condições anteriores que tinham de estar presentes para a transação causal ocorrer (por exemplo, a presença de oxigênio, um fósforo seco, gás inflamável, etc.). Por que uma dessas condições não é considerada "a" causa da explosão?

Um resposta famosa a essa questão foi dada por J.S. Mill (1806-1873). Ele pensava que não havia nenhuma distinção na realidade entre o que chamamos "a" causa e outras condições prévias; de fato, a própria distinção seria "caprichosa".[6] Mais recentemente, David Lewis (1942-2002) defendeu uma concepção similar:

> Por vezes selecionamos uma dentre todas as causas de um evento e chamamos "a" causa, como se não houvesse outras. Ou selecionamos uma parte como as "causas", chamando o resto de meros "fatores causais" ou "condições

causais". Ou falamos da causa "decisiva" ou "real" ou de "princípio". Podemos selecionar as causas anormais ou extraordinárias, ou aquelas que estão sob o controle humano, ou aquelas que julgamos boas ou más, ou somente aquelas sobre as quais queremos falar. Eu não tenho nada a dizer sobre os princípios da discriminação invejosa.[7]

"Caprichosa" e "invejosa" são palavras fortes. Contudo, tem-se mostrado notavelmente difícil justificar nosso discurso ordinário sobre "a" causa de um evento. Melhor, talvez, ver o mundo como permeado de transações causais, das quais somente algumas são do nosso interesse. Selecionar uma causa como "a" causa reflete meramente os nossos interesses – por exemplo, o que consideramos como mais explicativamente relevante – e não marca uma distinção na realidade entre causas e "meras" condições hábeis.

(6) Qual conexão existe entre causação e leis da natureza? Segundo uma concepção, todo enunciado causal verdadeiro é simplesmente uma instância de uma lei da natureza. Certamente, o cimento da causação é o que distingue leis da natureza (tais como "todos os homens são mortais") de generalizações mera e acidentalmente verdadeiras (tais como "todos os homens usam camisas"). Entretanto, como veremos, está longe de ser óbvio que toda transação causal seja *ipso facto* uma instância de uma lei da natureza. Mesmo assim, talvez ainda seja plausível afirmar que a necessidade de uma lei da natureza é a necessidade da causação.

Vamos então abordar a mais importante de todas as questões: qual é a natureza da relação causal?

A QUESTÃO ESSENCIAL: O QUE É CAUSAÇÃO?

Consideremos quatro eventos A, B, C e D, sendo que A precede B e C precede D. Suponhamos que nós julgamos que A causou B e que C causou D, mas não pensamos que A causou C ou que B causou D. O que distingue os pares {{A, B} {C, D}} dos pares {{A, C} {B, D}}? O primeiro membro de cada par ocorreu antes do segundo membro, embora falemos de causa somente em relação a {A, B} e {C, D}. O que os pares {{A, B} {C, D}} têm que os pares {{A, C} {B, D}} não têm? Em outras palavras, se A causa B, o que *torna verdadeiro* que A causa B? Por que A causa B?

Aqueles que formulam a tais questões geralmente supõem que a elas pode ser dada uma resposta informativa, que não pressupõe a idéia de causação. A tarefa do filósofo é então examinar cuidadosamente respostas alternativas e selecionar a mais plausível. Essa é uma suposição suficientemente razoável para começar. Se nosso uso de um termo é discriminatório (aplicando-se a alguns pares de eventos, mas não a outros), é plausível pensar que algo informativo pode ser dito acerca do que subjaz às nossas discriminações.

Portanto, o que procuramos são **condições necessárias e suficientes** para a verdade de sentenças do tipo "A causou B". Estamos procurando algo do tipo: A causou B **se e somente se** X, Y e Z (sendo que X, Y e Z não pressupõem a noção de causação). Ou seja, em todo caso em que A causa B, então X, Y e Z estão presentes; e, em todo caso em que X, Y e Z estão presentes, A causa B. Como foi assinalado, uma suposição desse exercício é que X, Y e Z podem ser entendidos sem referência à noção de causação. Essa suposição pode muito bem provar-se falsa. Talvez não exista nenhum X, Y e Z para ser encontrado.

CAUSAÇÃO: REDUTÍVEL OU BÁSICA?

Se uma propriedade ou relação é considerada problemática, os filósofos geralmente tentam domesticá-la mediante sua redução a componentes mais básicos e menos problemáticos. Assim, por exemplo, o conhecimento por muito tempo foi considerado como redutível à crença verdadeira e justificada. Muitos filósofos pensaram que a noção de causação seria igualmente redutível – ou a regularidades na natureza ou a condicionais contrafactuais. Conforme a teoria da regularidade, A causa B se e somente se o tipo de eventos A e o tipo de eventos B ocorrem regularmente em conjunção. Conforme a teoria contrafactual, A causa B se e somente se, se A não ocorresse, B não ocorreria tampouco. Infelizmente, ambas as teorias estão sujeitas a contra-exemplos e, por isso, nenhuma delas é defensável. Porém, há outra possibilidade. Talvez a relação causal seja primitiva e, portanto, não-redutível a elementos mais básicos. Conforme essa teoria, o nosso mundo é perpassado pela necessidade causal. Essa necessidade subjaz e explica as regularidades que observamos ao nosso redor, mas não é ela mesma redutível a essas regularidades ou a algo mais.

HUME

A discussão moderna da causação começa com David Hume. Contudo, Hume estava preocupado não somente com a causação, mas também com a origem da idéia de causa em nossas mentes. Essa última questão era urgente, dado o compromisso de Hume com o seguinte princípio empirista:

> (PE) Toda idéia é ou simples ou complexa. Idéias complexas são construções feitas a partir de idéias simples. Idéias simples derivam de impressões sensíveis (ou da reflexão).

No *Tratado da natureza humana*, Hume diz que a idéia de causação envolve as seguintes relações entre objetos (ou, como nós diremos, eventos):

O PROJETIVISMO DE HUME

De acordo com Hume, idéias são cópias de impressões, e a idéia de causação envolve a idéia de necessidade. De qual impressão a idéia de necessidade deriva? Não deriva da exposição a somente uma instância de um evento de um tipo que é seguido por um evento de outro tipo. É somente depois da exposição repetida a tais conjunções que a mente forma a idéia de conexão necessária. A impressão de necessidade deve, portanto, ser uma impressão interna (consistindo de sentimentos de expectativa e de antecipação) originada pela exposição da mente a conjunções constantes. Projetamos equivocadamente essa necessidade sobre o mundo, dando origem à ilusão de que conexões necessárias vigoram entre eventos no mundo externo. Assim declara a interpretação tradicional de Hume, essa interpretação segundo a qual ele é um projetivista e não um realista em relação à causação. Entretanto, recentemente alguns filósofos (como Galen Strawson) questionaram essa interpretação. Hume foi o defensor de uma teoria da regularidade? Hume realmente negou o realismo em relação à causação?

(i) Contigüidade: causas e efeitos são contíguos no espaço e no tempo.

Se um tijolo atinge uma janela e causa o fato de a janela se quebrar, os dois eventos – o tijolo atingindo a janela e a janela se quebrando – são adjacentes um ao outro no tempo e no espaço. É claro que, como Hume está ciente, também falamos do meu arremesso do tijolo como causador da quebra da janela, e esses eventos não são contíguos, porém estão ligados por cadeias intermediárias de causa e efeito, sendo que cada uma das suas ligações conecta-se a elementos contíguos.

(ii) Anterioridade: uma causa deve preceder temporalmente seu efeito.

Hume considera se "precede" poderia ser enfraquecido em "precede ou é simultâneo a", mas rejeita a sugestão nas seguintes bases: "se toda causa pode ser perfeitamente contemporânea dos seus efeitos, é certo, (. . .) que todas elas devem sê-lo".[8] Isso levaria à "destruição dessa sucessão de causas que observamos no mundo; e, de fato, à total aniquilação do tempo".[9] Contudo, este não é um argumento convincente. Por que se depreende da afirmação segundo a qual algumas causas são contemporâneas dos seus efeitos que todas devem sê-lo?

Poder-se-ia pensar que Hume está meramente afirmando (i) e (ii) como acompanhamentos característicos da causação nos casos comuns do cotidiano. Porém, é claro, ele os considera essenciais à causação de um ponto de vista geral. A alegação de que contigüidade e anterioridade são essenciais a todas as instâncias atuais e possíveis de causação está longe de ser trivial. Qualquer um que acredite na realidade (ou mesmo na possibilidade) de ação a uma distância temporal ou espacial negaria (i) e qualquer um que acredite na realidade (ou mesmo na possibilidade) de causação retroativa negaria (ii). (Ver Capítulo 6.)

Hume aceita (i) e (ii) como essenciais à causação, mas reconhece que não podemos definir causação somente em termos de (i) e (ii). Isso é seguramente correto. Existem muitos pares de eventos, A e B, em que A e B são contíguos, e A é anterior a B, mas A claramente não causa B. (Por exemplo, suponhamos que meu cão comece a latir cada vez que eu atire um tijolo em uma janela. As ondas de som do latido são anteriores e contíguas à quebra da janela, embora elas não causem a sua quebra.) O que mais é requerido? Hume sugere:

(iii) Necessidade: se A causa B, existe uma conexão necessária entre A e B.

Esta é uma condição intuitivamente plausível para a causação. Se eu atiro um tijolo e ele atinge a janela, não pensamos que ocorre por acaso que a janela quebre; pensamos que a janela *deve* quebrar. Causa e efeito estão necessariamente conectados. Mas que tipo de necessidade é essa? Não é a necessidade lógica, como Hume nos adverte. Não há nenhuma contradição lógica na eventualidade de um tijolo ricochetear em uma janela. Isso talvez nunca aconteça, mas não é nenhuma impossibilidade lógica. (Tal efeito é concebível do mesmo modo que, por exemplo, quadrados redondos ou solteiros casados não são concebíveis. Sabemos *a priori* que nunca encontraremos tais entidades.) A necessidade em questão é causal ou natural, constituindo uma outra questão se essa espécie de necessidade admite análise ulterior.

Dado seu compromisso com o (PE), Hume enfrenta o seguinte problema: como adquirimos a impressão de causação a partir da qual a idéia de necessidade causal é derivada? No *Tratado da natureza humana*, Hume diz que, quando ele observa casos de causa e efeito, tudo o que percebe é a contigüidade e a sucessão de eventos. Ele não tem nenhuma impressão de uma conexão necessária entre eles.

Hume abandona a questão nesse ponto do *Tratado*, mas a retoma na *Investigação sobre o entendimento humano*, em que relata como chegamos à idéia de necessidade causal. Não podemos, a partir da observação de um caso particular de um evento de um tipo que é seguido por um evento de outro tipo, derivar a idéia de poder ou conexão necessária. "Todos os eventos parecem inteiramente soltos e separados. Um evento segue o outro; porém, jamais podemos observar qualquer laço entre eles. Eles parecem estar em *conjunção*, mas jamais em *conexão*."[10] No entanto, a partir da observação de múltiplos casos, podemos adquirir a idéia de conexão necessária: "quando uma espécie particular de eventos esteve sempre, em todos os casos, em conjunção com a outra, não sentimos mais nenhum escrúpulo de predizer uma a partir da aparição da outra."[11] Em outras palavras, a partir da exposição a múltiplos casos de arremessos de tijolos sendo seguidos por quebras de janelas, e não se observando nenhum contra-exemplo, naturalmente esperamos que futuros arremessos de tijolos sejam seguidos por quebras de janelas. "Portanto, essa conexão que sentimos na mente, essa transição costumeira da imaginação de um objeto ao seu concomitante usual, é o sentimento ou impressão a partir dos quais formamos a idéia de poder ou conexão necessária."[12]

De acordo com Hume, a idéia de conexão necessária é a cópia de uma impressão em nossa mente, e não a cópia de uma característica do mundo externo. Ou seja, a partir da exposição repetida a tipos de eventos em conjunção no mundo, nós naturalmente formamos certos sentimentos de expectativa e antecipação, e desses sentimentos derivamos a idéia de conexão necessária. Essa idéia não é a cópia de nenhuma relação existente no mundo. Hume oferece-nos uma explicação de como chegamos a essa idéia sem postular conexões necessárias entre eventos no mundo externo. Nossa crença natural de que existe necessidade no mundo é uma **projeção** da mente sobre o mundo. E isso, presumivelmente, explica por que, ao definir "causa" na *Investigação*, Hume não faz qualquer referência à noção de necessidade, mas, ao invés disso, propõe uma teoria da causação em termos de regularidade. Se não existe nenhuma necessidade natural no mundo, o que torna nossas alegações causais verdadeiras não pode conter tal necessidade.

A TEORIA DA REGULARIDADE

Hume escreve: "podemos definir uma causa como *um objeto seguido por outro, de tal forma que todos os objetos semelhantes ao primeiro são seguidos de objetos semelhantes ao segundo*. Ou, em outras palavras, *se o primeiro objeto não houvesse existido, o segundo nunca haveria existido*."[13]

Como muitos têm observado, a expressão "ou, em outras palavras", é obscura, pois a segunda definição em itálico é completamente diferente da primeira. A segunda definição deu origem a uma abordagem inteiramente diferente da causação – a teoria contrafactual – que examinaremos mais adiante. É da primeira definição que nos ocuparemos. Podemos esclarecer a sugestão de Hume do seguinte modo:

(TR) A causou B se e somente se A precedeu B e todos os eventos do tipo A são seguidos por eventos do tipo B.

Em outras palavras, uma vez que observamos padrões regulares na natureza – conjunções constantes – nós os classificamos como interações causais. A teoria da regularidade é uma teoria plausível?

Observe-se que a teoria da regularidade pretende ser uma explicação redutiva da causação. Considera-se que aquilo que se segue ao "se e somente se" não faz nenhuma referência à causação. Essa teoria pretende nos dizer, em termos mais familiares, o que é a causação. Existem, portanto, dois modos básicos mediante os quais a teoria da regularidade pode ser criticada. Ela pode ser verdadeira e fracassar em ser redutiva, ou pode ser falsa. E existem dois modos pelos quais ela pode ser falsa. Primeiro, pode existir um caso em que A causou B, mas ou A não precedeu B, ou nem todo evento do tipo A foi seguido por eventos do tipo B. Segundo, pode existir um caso em que A precedeu B e todos os eventos do tipo A foram seguidos por eventos do tipo B, mas A não causou B. Plausivelmente, a teoria da regularidade pode ser criticada de todos esses modos.

Primeiro, existe um modo trivial pelo qual a teoria da regularidade pode fracassar totalmente. Ou seja, existem casos em que A precede B e todos os eventos do tipo A são seguidos por eventos do tipo B, embora A não seja causa de B. Suponhamos que A precede, mas não causa B, e que A é um evento absolutamente único: o universo não contém nenhum outro evento do tipo A. Essa situação certamente é possível. Porém, a teoria da regularidade implica que ela é impossível. Se A é seguido por B, e A é o único objeto desse tipo no universo, então (trivialmente) todos os eventos do tipo A são seguidos por eventos do tipo B. Nesse caso, conforme a teoria da regularidade, a condição para a causalidade é satisfeita e, portanto, A causa B. Contudo, começamos por reconhecer que A não causa B. Portanto, a teoria da regularidade, tal como enunciada, deve ser falsa.

Segundo, mesmo quando existem muitos eventos do tipo A, existem cenários nos quais todos os eventos do tipo A são seguidos por eventos do tipo B, embora entre eles não exista nenhuma causação. Três séculos atrás, Thomas Reid (1710-1796) observou que "se segue da definição de uma causa [de Hume] que a noite é a causa do dia, e o dia é a causa da noite. Duas coisas jamais se seguiram mais constantemente uma da outra desde o começo do mundo".[14] Esse, é claro, é o resultado errado: o dia não causa a noite, nem *vice-versa*; em vez disso, dia e noite são efeitos conjuntos de uma causa comum (a rotação da Terra sobre o seu eixo).

A teoria da regularidade poderia fracassar também em outra direção? Ou seja, poderiam existir casos em que A causa B e, no entanto, nem (i) A precede B, nem (ii) todos os eventos do tipo A são seguidos por eventos do tipo B? Alguém que considere que a noção de causação retroativa é coerente sustentará que poderia haver casos em que A causa B, embora B seja anterior a A. Também em relação a (ii), existem filósofos da causação – chamados "singularistas" (como Elizabeth Anscombe e Curt Ducasse) – que pensam que do fato de A ter causado B não se segue que deva existir uma generalização verdadeira e sem exceções no sentido de que todos os eventos do tipo A são seguidos por eventos do tipo B.[15]

Anscombe oferece quatro razões em favor do singularismo. Primeiro, nada em nosso discurso causal obriga-nos a aceitar o universalismo expresso na teoria da regularidade (a concepção de que toda interação causal é assegurada por uma generalização sem exceções). Por exemplo, pode-se perfeitamente bem entender um discurso sobre alguém que contrai uma doença através do contato com um indivíduo infectado *sem* se tomar uma posição sobre se essa transação causal está assegurada por alguma generalização sem exceções.

Segundo, Anscombe apela para desenvolvimentos da física do século XX. Se fenômenos quânticos são **indeterminísticos** e, contudo, existem transações causais em nível quântico, então, efetivamente existem pares causa-efeito que não se incluem sob generalizações do tipo "Todos os As são Bs".

Terceiro, diferentemente de Hume, Anscombe pensa que a causação é diretamente observável em instâncias singulares. Se se admite que nós percebemos diretamente corpos materiais (como opostos aos fugazes *sense data*), "então qual teoria da percepção pode legitimamente desaprovar a percepção de uma parcela de causalidade?".[16] Essa tese acerca da observabilidade da causação certamente está de acordo com o singularismo. Se eu posso perceber a causação diretamente em uma instância singular, o que acontece alhures dificilmente pode ser relevante para determinar se essa seqüência de eventos é uma seqüência causal.

ELIZABETH ANSCOMBE (1919-2001)

Gertrude Elizabeth Margaret Anscombe estudou no St. Hugh's College, Oxford e, posteriormente, assistiu a aulas em Cambridge dadas pelo filósofo austríaco Ludwig Wittgenstein. Ela se tornou amiga íntima de Wittgenstein, traduziu o seu livro *Investigações filosóficas* (1953) e foi nomeada como uma de suas testamenteiras literárias. Subseqüentemente, foi indicada para a antiga cátedra de Wittgenstein em Cambridge, a qual ocupou de 1970 até sua aposentadoria em 1986. Além de suas traduções de Wittgenstein, Anscombe é mais conhecida por *Intention* (1957), *Three Philosophers* (1963), escrito juntamente com seu marido, o filósofo e lógico P. T. Geach, e três volumes de escritos coligidos, os quais exploram tópicos em história da filosofia, metafísica, filosofia da mente, ética e religião. Figura controversa, ela se opôs à entrada da Grã-Bretanha na Segunda Guerra Mundial (sob a alegação de que civis seriam deliberadamente mortos) e foi ferozmente contrária à contracepção e ao aborto.

Quarto, o universalismo tem a estranha conseqüência de que, se uma transação aparentemente causal (digamos, um tijolo quebrando uma janela) é genuinamente causal, isso depende de se em algum momento no passado ou no futuro um arremesso de tijolo similar é ou não é seguido por uma quebra de janela similar. Isso é contra-intuitivo. Quando dizemos que um arremesso de tijolo causou uma quebra de janela, não estamos fazendo uma predição que compreende todo o espaço e o tempo. O singularismo evita esse problema.

A teoria da regularidade pretende ser uma explicação redutiva da causação. Ela tenta explicar a causação em outros termos – precedência e regularidade –, nenhum dos quais presume-se que pressuponha a causação. Diante disso, nem a idéia de A ocorrendo antes de B, nem a idéia de eventos do tipo A precedendo eventos do tipo B pressupõem a idéia de causalidade. Contudo, as coisas não são tão simples.

O que é para um evento ser um evento de um tipo particular? É natural entender a noção, como Hume faz, em termos de similaridade. Visto que A e B são eventos particulares, eles são irrepetíveis. Aquela quebra de janela (por exemplo, a que ocorreu em 1º de janeiro de 2006) não pode ocorrer novamente. Porém, eventos similares (eventos desse tipo) podem ocorrer novamente.

Desse modo, similaridade pode significar tanto "similaridade em todos os aspectos" quanto "similaridade em alguns aspectos". A primeira é inapropriada para os presentes propósitos: não há duas quebras de janela que sejam similares em *todos* os aspectos, intrínsecos e relacionais. Elas podem ser causadas por pessoas diferentes ou envolver diferentes janelas; e ainda que sejam causadas pela mesma pessoa, essa pessoa será diferente em algum sentido, mesmo que apenas no que diz respeito à idade. Como o mundo está constantemente mudando, não é possível haver dois eventos que em diferentes momentos sejam exatamente similares em todos os aspectos.

Talvez por similaridade queiramos dizer "similaridade em alguns aspectos", o que está mais conforme com o uso comum (se eu digo que dois saltos com vara são similares, eu não quero dizer similar em todos os aspectos, mas somente em algum aspecto, por exemplo, a técnica do salto). Assim, um evento do tipo A é qualquer evento similar a A em algum aspecto. Mas qual aspecto? Podemos dizer "nos aspectos relevantes". No entanto, isso não é uma resposta: quais são os aspectos relevantes? O perigo decorre do fato de os aspectos relevantes poderem ser especificados somente como os aspectos *causalmente* relevantes: aqueles aspectos relevantes para provocar um evento do tipo B. Mas, então, a individuação de tipos de eventos pressupõe a noção de causação, o que é contrário à intenção redutiva subjacente à teoria da regularidade.[17]

A TEORIA CONTRAFACTUAL

Após definir a sua versão da teoria da regularidade, Hume acrescentou a sentença: "Ou, em outras palavras, *se o primeiro objeto não houvesse existido, o segundo nunca haveria existido.*"[18] Como já foi observado, essa sentença é misteriosa, pois a idéia que ela apresenta parece ser inteiramente diferente de qualquer versão da teoria da regularidade. A noção de um contrafactual é mais sofisticada e logicamente muito diferente da noção de uma regularidade ou conjunção constante. Ela nos conduz a uma nova (e singularista) teoria da causação, a teoria contrafactual, cujo defensor mais conhecido é David Lewis.[19] De acordo com a teoria contrafactual:

(TC) A causou B se e somente se, se A tivesse acontecido, B teria acontecido.

A teoria contrafactual faz um uso essencial de condicionais contrafactuais. Todos nós usamos contrafactuais de maneira regular e irrefletida. Todos entendemos o condicional contrafactual "se você não estivesse usando o cinto de segurança, você poderia ter morrido". Você estava usando o cinto de segurança (portanto, o **antecedente** do condicional é contrário aos fatos), e não morreu; porém, se não estivesse usando o cinto de segurança, você teria morrido. O problema técnico de como analisar esses condicionais é uma questão difícil, mas não devemos nos preocupar com ela aqui. Tudo de que precisamos nos valer é do nosso entendimento comum do mundo e da nossa compreensão da língua portuguesa.

Dois pontos favoráveis à da teoria contrafactual são dignos de nota. Primeiro, nos casos mais comuns de causação, o contrafactual especificado pela teoria contrafactual é verdadeiro. Se eu atiro um tijolo na janela, causando o fato de ela se quebrar, será geralmente verdadeiro que, se eu não tivesse atirado o tijolo, a janela não teria se quebrado. Segundo, a teoria contrafactual tenta acomodar a alegação de Hume segundo a qual a idéia de causação envolve a idéia de necessidade. A teoria contrafactual captura o sentido em que uma causa é necessária para o seu efeito: sem a causa, não poderia haver nenhum efeito.

Então deveríamos aceitar a teoria contrafactual? Não. Ela está sujeita a contra-exemplos. Em particular, pode haver casos em que A causa B, mas nos quais não é verdadeiro que, se A não tivesse acontecido, B não teria acontecido. Os chamados casos de preempção são um exemplo disso. Suponhamos que, como um resultado da hipnose, Mary saltará pela janela se o seu telefone tocar às 8 da manhã. Imagine que, sabendo disso, Bill ligue para ela às 8 da manhã, causando o salto de Mary pela janela. Fred, que também não gosta de Mary, está pronto para agir, no caso de Bill não conseguir ligar (mas não deve intervir). Aqui, a chamada telefônica de Bill para Mary causou o seu salto pela janela. Contudo, se

Bill não tivesse ligado, a mesma seqüência de eventos teria acontecido (visto que, em vez de Bill, Fred teria ligado). Assim, não é verdadeiro que, se Bill não tivesse ligado, o salto de Mary não teria ocorrido.

Outro tipo de caso é o da sobredeterminação. Suponhamos que A e B juntos causem C, e que cada um teria causado C na ausência do outro. (Suponhamos que Mary tenha dois telefones, e que cada um, tocando por si mesmo, causaria o seu salto. Ambos, Bill e Fred, ligam às 8 da manhã, causando o seu salto.) C não é contrafactualmente dependente de A (ou de B). Se A não tivesse acontecido, ainda assim C teria acontecido; e se B não tivesse acontecido, ainda assim C teria acontecido. Portanto, de acordo com a teoria contrafactual, A não causou C, e B não causou C. Todavia, se nem A nem B causaram C, então como C veio a ocorrer? Um defensor da teoria contrafactual pode dizer que A e B, juntos, causaram C. É verdadeiro que, se não tivessem ocorrido nem A nem B, C não teria ocorrido. No entanto, em um caso em que o resultado é sobredeterminado, como podem A e B juntos causar C sem A causar C, e B causar C?[20]

UMA TEORIA MAIS SIMPLES

As falhas na teoria da regularidade e na teoria contrafactual são similares. Ambas falham (de diferentes modos) em encontrar um lugar apropriado para a função da necessidade na causação. Regularidades podem ser obtidas acidentalmente, e A pode necessitar de B mesmo que B não seja contrafactualmente dependente de A. Ambas as teorias fixam-se em contingências que ocorrem ser verdadeiras em muitos casos de causação, mas não são da essência da causação. Causas e efeitos geralmente exibem um padrão regular, e efeitos geralmente são dependentes de suas causas em termos contrafactuais. Mas nenhuma teoria captura completamente a nossa noção de causação.

Já que nenhuma teoria é satisfatória, talvez devêssemos considerar uma teoria mais simples da causação, não-redutiva, a teoria simples:

(TS) A causou B se e somente se A (mais as condições prévias relevantes) tornou necessário B.

A necessidade envolvida é uma necessidade causal, uma relação que é considerada primitiva. A necessidade causal deveria ser distinguida da necessidade lógica (ou seja, o tipo de necessidade apresentada por "ou está chovendo ou não está chovendo"). Como Hume observou, se A causou B, nunca é contraditório supor "A mas não B". Essa espécie não-lógica de necessidade é considerada um ingrediente básico da nossa ontologia.

Diferentemente da teoria da regularidade e da teoria contrafactual, a teoria simples oferece uma explicação não-redutiva da causação: a noção de "causa" e a noção conexa de "necessidade causal", não são ulteriormente analisáveis. Não podemos explicar a idéia de necessidade causal em outros – mais básicos – termos.

Uma objeção à teoria simples é de natureza epistêmica. Se tudo o que observamos são regularidades, será objetado, por que deveríamos acreditar em necessidade causal? Segundo Anscombe, é possível afirmar que a causação pode ser diretamente observada em alguns casos, como quando queremos mover nossos braços ou ver a faca cortar a manteiga. Em outros casos de causação, poderíamos apelar para o princípio da "inferência à melhor explicação", isto é, postular que a necessidade causal explica melhor as regularidades que observamos ao nosso redor. Por que ocorre que, sempre que eu atiro um tijolo em uma janela, ela se quebra? Porque cada quebra de janela segue-se de cada arremesso de tijolo por necessidade causal. Necessidade causal é algo que postulamos para explicar o mundo ao nosso redor. É um postulado teórico do senso comum. Certamente, temos boa evidência da causalidade quando há regularidades e dependências contrafactuais. Mas não é delas que a causalidade consiste. Elas são apenas indicadores do que lhes é subjacente: a necessidade causal.

OBSERVAÇÕES FINAIS

Vimos que duas teorias intencionalmente redutivas da causação, a teoria da regularidade e a teoria contrafactual, estão expostas a objeções. Uma alternativa natural é a teoria simples, que tem as seguintes características:

– afirma que a causação envolve necessidade causal (necessidade causal ou natural);
– afirma que a noção de necessidade causal não admite nenhuma análise redutiva;
– está de acordo com a concepção singularista da causação;
– está de acordo com a concepção segundo a qual a causação é, por vezes, observável e, em outras ocasiões, é um postulado teórico que explica as regularidades que observamos ao nosso redor;
– permite-nos distinguir leis da natureza de generalizações acidentalmente verdadeiras em virtude do fato de que as leis são verdadeiras por necessidade (natural).

Essa teoria merece ser considerada seriamente.

QUESTÕES PARA ESTUDO

- Quais são os *relata* da relação causal?
- Quão plausível é o princípio empirista de Hume (PE)?
- A causação retroativa é possível?
- Qual é a principal objeção à teoria da regularidade?
- Por que os casos de preempção e de sobredeterminação constituem problemas
- para a teoria contrafactual?

LEITURAS RECOMENDADAS

G.E.M. Anscombe, "Causality and Determination", in E. Sosa e M. Tooley (eds.) *Causation*. Oxford: Oxford University Press, 1993, p. 88-104. Um tratado anti-humeano vigoroso. Anscombe argumenta que relações causais não pressupõem generalizações sem exceções e que a causação pode ser diretamente percebida. Um artigo difícil.

P. Horwich, "Lewis's Programme", reimpresso em Sosa e Tooley, op. cit., p. 208-216. Uma crítica útil, embora exigente, da teoria contrafactual de Lewis.

D. Lewis, "Causation", reimpresso em Sosa e Tooley, op. cit., pp. 193-204. A fonte clássica da abordagem contrafactual da causação. Uma leitura difícil.

E. Sosa e M. Tooley, "Introduction", in Sosa e Tooley, op. cit., p. 1-32. Uma introdução acessível aos assuntos discutidos neste capítulo.

G. Strawson, *The Secret Connexion*. Oxford e New York: Clarendon Press, 1989. Strawson apresenta um argumento detalhado no sentido de interpretar Hume como um realista em relação à causação.

RECURSOS NA INTERNET

J. Faye, "Backward Causation", *The Stanford Encyclopedia of Philosophy (Edição do Outono de 2005)*, Edward N. Zalta (ed.). Disponível em: <http://plato.stanford.edu/archives/fall2005/entries/causation-backwards>. Acesso em: 31 maio 2006.

D. Garrett (2005 "Hume, David", in E. Craig (ed.), *Routledge Encyclopedia of Philosophy*. Disponível em: <http://www.rep.routledge.com/article/DB040>. Acesso em: 31 maio 2006.

P. Menzies (2001) "Conterfactual Theories of Causation", *The Stanford Encyclopedia of Philosophy (Edição da Primavera de 2001)*, Edward N. Zalta (ed.). Disponível em: <http://plato.stanford.edu/archives/spr2001/entries/causation-counterfactual>. Acesso em: 31 maio 2006.

J. Schaffer (2003) "The Metaphysics of Causation", *The Stanford Encyclopedia of Philosophy (Edição da Primavera de 2003)*, Edward N. Zalta (ed.). Disponível em: <http://plato.stanford.edu/archives/spr2003/entries/causation-metaphysics>. Acesso em: 31 maio 2006.

5

Tempo: a questão fundamental

INTRODUÇÃO

Neste capítulo abordaremos uma questão fundamental sobre o nosso mundo: o que é o tempo? Para focalizar nossa discussão, examinaremos em detalhe algumas idéias de J.M.E. McTaggart (1866-1925). Os escritos desse autor estabelecem em grande medida a agenda para as discussões sobre o tempo que se desenvolverão no século XX. Embora o argumento geral de McTaggart – com sua conclusão de que o tempo é irreal – seja geralmente rejeitado, seus dois argumentos subsidiários têm defensores ainda hoje.

> **J.M.E. McTAGGART (1866-1925)**
>
> John McTaggart nasceu em Wiltshire, Inglaterra. Estudou e lecionou no Trinity College, Cambridge, durante a maior parte de sua vida (onde, entre seus alunos, incluía-se Bertrand Russell). Em seu famoso artigo "A irrealidade do tempo" (1908), ele distinguiu dois modos de ordenar os eventos no tempo, as séries A e B, argumentando que a série A é fundamental para o tempo, mas que ela leva a uma contradição. Concluiu que o tempo, assim como o espaço, é irreal. O mundo espaço-temporal foi considerado uma ilusão, ao passo que a realidade consistiria de almas imateriais, em comunhão ecstática umas com as outras. Juntamente com F.C. Bradley (1846-1924), McTaggart foi um membro fundamental da efêmera escola do idealismo britânico, de influência hegeliana, a qual perdeu o vigor no final do século XIX e início do século XX.

INSTAURANDO O DEBATE: SÉRIE A E SÉRIE B

McTaggart começa por observar que:

> Posições no tempo, como o tempo aparece para nós *prima facie*, são distintas de dois modos. Cada posição é Anterior e Posterior a alguma das outras posições (...) Em segundo lugar, cada posição é ou Passado, ou Presente ou Futuro. As distinções da primeira classe são permanentes, embora as últimas não o sejam. Se M foi alguma vez anterior a N, ele é sempre anterior. Porém, um evento que é agora presente foi futuro e será passado.[1]

A primeira série de posições McTaggart designa como série B, enquanto a segunda ele designa como série A. É certamente plausível dizer que distinguimos posições no tempo de ambos os modos, e que posições na série B são permanentes de um modo que as posições na série A não o são. Isso se mostra no valor de verdade imutável das atribuições da série B. Se é verdadeiro que meu nascimento ocorreu antes de 1970, então sempre foi e sempre será verdadeiro que meu nascimento ocorreu antes de 1970. O valor de verdade da sentença "meu nascimento ocorreu antes de 1970" nunca muda. Em contrapartida, as atribuições da série A são temporárias, em vez de permanentes. Meu nascimento foi futuro, depois fugazmente presente, depois tornou-se passado para sempre. A verdade da sentença "meu nascimento é futuro" mudou de verdadeiro para falso.

Entretanto, as séries A e B não são séries temporais independentes. Existem óbvias e inegáveis *conexões de valor de verdade* entre as atribuições da série A e as da série B. Por exemplo, minha declaração em 2006 de "A morte de Hitler é passado" é verdadeira se e somente se a morte de Hitler é anterior a 2006; minha declaração em 2006 de "A morte de Blair é futuro" é verdadeira se e somente se a morte de Blair é posterior a 2006; e minha declaração em 1º de fevereiro de 2006 de "está chovendo agora" é verdadeira se e somente se está chovendo em 1º de fevereiro de 2006. Essas conexões de valor de verdade podem induzir alguém a pensar que a distinção série A/série B é nocional, e não metafísica. Ou seja, pode-se pensar que as séries A e B estão para o tempo como, por exemplo, centígrado e Fahrenheit estão para a temperatura, ou como polegadas e centímetros estão para a distância: meras variantes nocionais. Essa é uma concepção possível, mas não é a concepção de McTaggart. Ele afirma que uma série (a série A) é mais fundamental para o tempo do que a outra e que, conseqüentemente, a teoria B – a qual sustenta que a série B é essencial para o tempo – é falsa.

SÉRIE A/SÉRIE B

McTaggart observou que as posições no tempo integram a duas séries, as quais ele chamou de "série A" e "série B". Todo evento faz parte dessas duas séries, mas elas têm características completamente diferentes. Eventos na série A estão constantemente mudando suas posições. Eventos futuros tornam-se passados; eventos presentes tornam-se passados, eventos passados tornam-se mais passados. Em contrapartida, a posição de um evento na série B jamais muda. Se um evento ocorreu em 1961, sempre foi verdadeiro e sempre será verdadeiro que ele ocorreu em 1961. Se um evento ocorre antes de outro evento, esse fato nunca muda. Três concepções são possíveis em relação às séries A e B: a série A é fundamental para o tempo; a série B é fundamental; nenhuma série é fundamental. Um defensor da primeira concepção é um teórico da série A. Um defensor da segunda é um teórico da série B. Um defensor da terceira concepção julga que o debate foi mal concebido: existem duas linguagens do tempo, mas somente uma série temporal, a qual pode ser descrita de diferentes modos.

A SÉRIE A É FUNDAMENTAL PARA O TEMPO

De acordo com McTaggart, o fato de que as posições da série B sejam permanentes não deveria levar-nos a pensar que elas são mais objetivas ou mais essenciais para o tempo do que as posições da série A. Pelo contrário, embora as determinações de A e B sejam ambas essenciais ao tempo, as determinações da série A são mais **fundamentais** do que as determinações da série B.

A distinção entre essencial e fundamental é certamente uma distinção sutil. No uso comum, "fundamental" e "essencial" são inter-substituíveis. Qual distinção, então, McTaggart está tentando fazer?

Pode-se pensar que ele está alegando que, embora as séries A e B sejam ambas essenciais (ou necessárias), somente a série A é suficiente para o tempo. Nesse sentido, talvez, a série A seja mais fundamental do que a série B. Contudo, McTaggart reconhece que a série B "não pode existir a não ser como uma série temporal", sugerindo que a série B é suficiente para constituir o tempo.[2] Mas ele também diz que a série B "não é por si mesma suficiente para constituir o tempo".[3] O que ocorre aqui?

Pode ser que McTaggart tenha em mente algo como o que segue. Uma descrição da realidade somente em termos da série B é necessariamente incompleta. O conjunto dos fatos da série B é um subconjunto próprio da totalidade dos fatos temporais. Essa incompletude significa que a série B não pode ser fundamental para o tempo. Em contrapartida, nenhuma incom-pletude desse tipo afeta a série A.

Por que McTaggart pensa que a série A é fundamental para o tempo? Primeiro ele apresenta o seu argumento, depois considera uma objeção feita ao mesmo por Bertrand Russell. Seu argumento pode ser enunciado como segue:

(1) O tempo necessariamente envolve mudança.
(2) A mudança é possível na série A.
Portanto:
(3) O tempo fundamentalmente envolve a série A.

McTaggart não oferece nenhum argumento para a premissa (1). Ele meramente afirma que "não poderia existir nenhum tempo se nada mudasse". Alguns filósofos, sobretudo Shoemaker, sustentaram que é possível existir tempo sem mudança (ver capítulo 6). Entretanto, McTaggart pretende que (1) seja um truísmo, pois ele toma a mera passagem do tempo (ou o "puro devir") como mudança. Assim entendida, essa premissa é uma petição de princício contra o teórico da série B desde o início. Felizmente, contudo, McTaggart não precisa da premissa (1). A verdade da premissa (2) por si mesma demonstraria a superioridade da série A em relação à série B.

McTaggart tem um argumento para a premissa (2). Ele apela para a permanência das posições e relações na série B. Os eventos nunca mudam sua posição na série B (sempre foi e sempre será verdadeiro que a morte de Hitler ocorreu em 1945), nem as relações entre esses e outros eventos na série B (sempre foi e sempre será verdadeiro que a morte de Hitler é posterior à morte de César). Isso, para McTaggart, basta para mostrar que a série B não permite a mudança.

O único aspecto no qual um evento – tal como a morte da Rainha Anne – pode mudar é o seguinte: "ele foi uma vez um evento no futuro longínquo. Ele se tornou a cada momento um evento no futuro mais próximo. Por fim, ele foi presente. Depois ele se tornou passado e permenecerá sempre passado, embora a cada momento ele se torne cada vez mais passado".[4] (Conforme a concepção de McTaggart, o passado está constantemente mudando: eventos passados estão tornando-se mais passados.) Assim, conclui McTaggart, a mudança somente é possível na série A; portanto, a série A é fundamental para o tempo.

A RESPOSTA DE RUSSELL

Russell não considera a série A fundamental para o tempo. Para ele,

> passado, presente e futuro não pertencem ao tempo *per se*, mas somente a um sujeito cognoscente. Uma afirmação de que N é presente significa que ele é simultâneo a essa afirmação, uma afirmação de que ele é passado ou

futuro significa que ele é anterior ou posterior a essa afirmação (...) se não houvesse nenhuma consciência (...) nada seria passado, presente ou futuro.[5]

Portanto, a série A é relativa ao sujeito ou dependente da mente e, portanto, não é fundamental. Visto que Russell acredita que a série B é fundamental para o tempo, ele é um teórico da série B. Um teórico da série A, em contrapartida, sustenta que a série A é fundamental para o tempo.

Como então Russell responde ao argumento de McTaggart contra a teoria da série B? Russell e McTaggart diferem em relação a como caracterizar a mudança. Segundo a caracterização de Russell, a premissa (2) é falsa. Ele escreve:

> A mudança é a diferença, com respeito à verdade e à falsidade, entre uma proposição concernente a uma entidade e ao tempo T e uma proposição concernente à mesma entidade e ao tempo T', contanto que essas proposições diferem somente pelo fato de que T ocorre em uma enquanto T' ocorre em outra.[6]

Portanto, existe uma mudança se, por exemplo, a proposição "no instante T meu atiçador está quente" é verdadeira, e a proposição "no instante T' meu atiçador está quente" é falsa. Mais simplesmente, existe mudança se meu atiçador está quente em um instante e não está quente em algum outro momento. E a mudança, assim entendida, requer somente a série B.

MUDANÇA

O que é mudança? De acordo com Russell, mudança é um objeto ter propriedades diferentes e incompatíveis em diferentes instantes. Se a cerca do meu jardim é verde na segunda e for pintada de vermelho na quinta, ela mudou. De acordo com McTaggart, a mudança ocorre não com os objetos, mas com os eventos. Nenhum evento pode mudar sua posição na série B: ele é fixo e permanente. Um evento pode mudar a sua posição somente na série A: ele foi primeiro futuro, depois brevemente presente e, então, passado para sempre. Portanto, McTaggart conclui, a mudança é possível somente na série A. Muitos afirmaram que a "mudança de Russell" é a nossa noção comum de mudança. Falamos de um objeto que muda, e uma mudança em um objeto é um evento, um acontecimento. O evento precisa mudar para haver mudança? Os teóricos da série B pensam que não. Alguns teóricos da série A também pensam que não. Eles afirmam que a "mudança de Russell" é uma noção perfeitamente aceitável de mudança, mas que, por outras razões, a série A é fundamental para o tempo.

McTaggart tem uma resposta para Russell. Segundo ele, a explicação de Russell simplesmente não é uma explicação da mudança, pois a proposição "no instante T meu atiçador está quente", se verdadeira, é sempre verdadeira, e a proposição "no instante T' meu atiçador está quente", se falsa, é sempre falsa. E "isso não resulta em nenhuma mudança nas qualidades do atiçador".[7] É verdadeiro em todos os tempos que o atiçador está quente em T e não está quente em T'. Essa permanência do valor de verdade, para McTaggart, implica que não existe nenhuma mudança no atiçador.

McTaggart insiste no mesmo ponto com respeito a fatos. O fato de que o atiçador está quente em T nunca muda; tampouco muda o fato de que ele não está quente em T'. Contudo, "não pode haver nenhuma mudança a menos que os fatos mudem".[8] E os únicos fatos que podem mudar são os fatos na série A. Se T é presente, o atiçador agora está quente e estará frio. O fato de ele estar quente cederá lugar ao fato de ele estar frio quando esse último fato se tornar presente. Por isso, conclui McTaggart, a mudança é possível somente na série A.

Como poderíamos julgar essa disputa? São oferecidas a nós duas concepções completamente diferentes de mudança, as quais podemos designar como a "mudança de McTaggart" e a "mudança de Russell". A mudança de McTaggart ocorre sempre quando um evento ou um fato altera sua posição na série A. A mudança de Russell ocorre sempre quando um objeto tem propriedades incompatíveis em diferentes momentos. A mudança de Russell é reconhecível como uma noção de mudança?

Prima facie, a resposta é "sim". Um objeto alterar suas propriedades – por exemplo, a cerca do meu jardim ser verde na segunda e, depois, ser vermelha na quinta – seria ordinariamente considerado como uma mudança. Para que a mudança ocorra, não requeremos que o evento da pintura ou o fato de a cerca ser verde mudem. Simplesmente requeremos que o objeto tenha mudado suas propriedades. Nesse caso, a resposta de Russell se sustenta, e a base de McTaggart para a premissa (2) cai por terra.

No entanto, há uma outra objeção ao argumento de McTaggart. Ao supor que a mudança requer mudança em um evento ou em um fato, e dado que o único modo pelo qual um evento ou fato pode mudar é com relação às suas posições na série A, McTaggart incorre em petição de princípio contra seu oponente teórico da série B. Nenhum teórico da série B aceitaria uma definição de mudança construída unicamente com referência à série A. O argumento de McTaggart, portanto, pressupõe o que ele pretende provar.

O PARADOXO DE MCTAGGART

Poder-se-ia considerar que McTaggart pensou ter estabelecido a teoria A do tempo para depois abandoná-la. Mas não foi o que aconteceu.

Tendo argumentado que o tempo envolve fundamentalmente a série A, McTaggart seguiu então argumentando que a série A é contraditória e, portanto, que o tempo é irreal. Felizmente, ele aceitou a contento a conclusão segundo a qual a passagem do tempo é uma ilusão e que nada muda jamais. Embora essa conclusão dificilmente se recomende ao senso comum, o argumento de McTaggart que afirma que a série A é contraditória – conhecido como o paradoxo de McTaggart – é por si só um argumento interessante e engenhoso. Ele escreve:

> Passado, presente e futuro são determinações incompatíveis. (. . .) Mas todo evento possui todas elas. Se M é passado, ele foi presente e futuro. Se é futuro, ele será presente e passado. Se é presente, ele foi futuro e será passado. Portanto, todas as três características pertencem a todo evento.[9]

Podemos representar o raciocínio de McTaggart como segue:

(4) Todo evento é passado, presente e futuro.
(5) Nenhum evento pode ser passado presente e futuro.
Portanto:
(6) A série A é contraditória.

A idéia subjacente a (4) é que nenhum evento escapa à passagem do tempo: cada evento é futuro, depois ligeiramente presente e, então, passado para sempre. Cada evento ocupa uma dessas posições na série A. (Haverá exceções se houve um primeiro ou se houver um último evento. Mas isso não afeta o argumento, pois o primeiro evento ainda seria presente e passado, e o último evento seria futuro e presente, e essas determinações são incompatíveis.)

A idéia subjacente a (5) é que passado, presente e futuro são determinações incompatíveis: se um evento é passado, ele não é presente nem futuro; se é presente, não é passado nem futuro, e assim por diante. Nada pode possuir características incompatíveis. De (4) e (5) segue-se (6).

Assim, poderia parecer que existe uma resposta óbvia a esse argumento. De fato, o próprio McTaggart enuncia a resposta:

> Não é nunca verdadeiro, segue-se a resposta, que M *é* presente, passado e futuro. Ele *é* presente, *será* passado e *foi* futuro. Ou ele *é* passado e *foi* futuro e presente ou, ainda, *é* futuro e *será* presente e passado. As características somente são incompatíveis quando são simultâneas, e não há qualquer contradição no fato de cada termo possuir todas elas sucessivamente.[10]

Assim, há um sentido em que (4) é verdadeiro, mas, nesse sentido, (5) é falso. E há um sentido em que (5) é verdadeiro, mas, nesse sentido, (4) é falso. Conseqüentemente, o argumento (4)-(6) é inválido, pois tem premissas incompatíveis.

No entanto, McTaggart tem uma resposta engenhosa a essa objeção. Evitamos a acusação de contradição nas três posições básicas da série A (passado, presente e futuro) invocando três posições de nível secundário da série A (por exemplo, M é presente, foi futuro e será passado). Porém, existem nove posições nessa série de nível secundário (é passado, é presente, é futuro, foi passado, foi presente, foi futuro, será passado, será presente, será futuro) e todo evento ocupa cada uma dessas posições da série A. Algumas combinações dessas nove posições são incompatíveis (por exemplo, é presente e é passado). Podemos evitar essas contradições distinguindo flexões verbo-temporais mais complexas e passando para as posições de terceiro nível da série A. Contudo, algumas dessas dezessete posições serão incompatíveis. Para evitar a contradição, devemos passar para um quarto nível, e assim por diante. Podemos escapar à contradição passando para um outro nível, mas, em cada nível a contradição permanece. "E, já que isso continua indefinidamente, o primeiro conjunto de termos jamais escapa à contradição."[11] A "resposta óbvia", afinal de contas, não é assim tão óbvia.

DIAGNÓSTICO

O paradoxo de McTaggart, como o rotulamos, tem uma qualidade similar à de Janus: em um dia, ele pode parecer convincente; no próximo, sofístico. Mas eu penso que o teórico da série A (que é o alvo ao qual o paradoxo visa) tem uma resposta. A seguir, valho-me de algumas idéias de Michael Dummett e Paul Horwich.

Ao desenvolver seu paradoxo, sugere Dummett, McTaggart faz uma suposição implícita.[12] Ele supõe que uma descrição completa e consistente da realidade é, em princípio, possível. Ou seja, sem considerar a posição de um sujeito no tempo, é possível fazer uma descrição da realidade que seja consistente e inclua todas as verdades. O que o paradoxo de McTaggart revela é que a teoria da série A é incompatível com essa suposição. Quando tentamos especificar todas as verdades da série A, em oposição a especificar aquelas que são verdadeiras a partir da perspectiva atual do referido sujeito, acabamos em contradição. Assim, se a teoria da série A é verdadeira, uma descrição completa e consistente da realidade é impossível. Dada a suposição de que uma descrição é possível, McTaggart conclui que a série A é contraditória. Em contrapartida, uma descrição da realidade nos termos da série B é consistente, mas incompleta (de acordo com McTaggart, ela não considera o fato da mudança). Assim, de um modo diferente, a teoria da série B despreza a suposição de McTaggart.

Mas o teórico da série A precisa aceitar a suposição de McTaggart segundo a qual uma descrição completa e consistente da realidade é, em princípio, possível? Certamente, ele deve aceitar o requisito da consistência. Porém, precisa ele – de fato, deveria ele – aceitar o requisito da completude, isto é, o requisito de que a realidade pode ser completamente descrita, independentemente da perspectiva temporal do sujeito?

> ## M.A.E. DUMMETT (1925-PRESENTE)
>
> Sir Michael Dummett nasceu em Londres em 1925. Depois de servir na Segunda Guerra Mundial, estudou em Christ Church, Oxford, antes de ser eleito *Prize Fellow of All Souls* em 1950. Em 1979, tornou-se *Wykeham Professor* de Lógica e *Fellow* do New College, posição que ocupou até a sua aposentadoria em 1992. Católico comprometido e ativista social, Dummett esteve especialmente envolvido em campanhas antirracistas na Grã-Bretanha durante os anos de 1960. As duas maiores influências sobre a filosofia de Dummett são Frege e Wittgenstein. Ele escreveu três volumes substanciais sobre a filosofia da linguagem e a filosofia da matemática de Frege. Dummett também desenvolveu a concepção segundo a qual os debates tradicionais da metafísica podem avançar, e talvez mesmo ser resolvidos, se forem focalizados em discussões no âmbito da teoria do significado. Aqui, a doutrina wittgensteiniana da natureza pública do significado (e a correspondente impossibilidade de uma linguagem privada) teve um grande efeito sobre o pensamento de Dummett.

Após refletir, a resposta parece ser claramente "não". É da essência da teoria da série A que os fatos temporais fundamentais (isto é, os fatos temporalizados que registram a posição de um evento na série A) mudem à medida que o tempo passa. De acordo com a teoria da série A, a realidade está constantemente sendo seccionada: fatos que são futuros tornam-se presentes; fatos que são presentes tornam-se passados; fatos que são passados tornam-se mais passados. A realidade está constantemente mudando. Se estamos, como agora, em 2008, eu posso enunciar os fatos como eles ocorrem a partir dessa perspectiva, incluindo, por exemplo, o fato de que minha morte é futuro. Em 3008, um enunciado dos fatos incluirá o fato de que minha morte é passado. Há uma contradição apenas se consideramos que deve haver uma descrição (cuja perspectiva seria neutra) que inclui ambos os fatos. O teórico da série A negaria que possa haver uma tal descrição: toda descrição da realidade temporal, de uma perspectiva interna ao tempo, é necessariamente incompleta. Nesse caso, a teoria da série A pode escapar ao paradoxo de McTaggart.

Dummett admite que não é fácil abandonar a crença segundo a qual deve haver uma descrição completa da realidade, "que, de tudo o que é real, deve haver uma descrição completa – isto é, independente do observador".[13] Contudo, ele está disposto a admitir que a conclusão do raciocínio de McTaggart é que deveríamos "abandonar nosso preconceito de que deve haver uma descrição completa da realidade".[14]

Paul Horwich, em contrapartida, pensa que o requisito da completude não deveria ser abandonado, e conclui que o paradoxo de McTaggart refuta a teoria do tempo elaborada com base na série A.[15] Por que Horwich considera o requisito da completude sacrossanto? Ele pensa que a idéia do teórico da série A de que existe "uma variação, de um momento para outro, em se tratando de quais fatos consegue" tirar proveito "uma concepção idiossincrática e imotivada de *fato*".[16] Em outras palavras, abandonar o requisito da completude (como faz o teórico da série A) viola o nosso entendimento comum do que é um fato, e, por isso, o requisito da completude deveria ser respeitado.

Horwich oferece um exemplo em defesa de sua alegação. Ele diz que:

> nós não consideramos
>
> X está a esquerda de Y
>
> e
>
> X não está a esquerda de Y
>
> como descrições explícitas de fatos. Em vez disso, supomos que, sempre que tais alegações são verdadeiras, elas são explicações parciais dos fatos cujas descrições tomam a forma
>
> X está à esquerda de Y em relação a Z
>
> e
>
> X não está a esquerda de Y em relação a W. (. . .)
>
> A idéia geral é que reservamos o termo "fato" para aqueles aspectos da realidade cujas descrições explícitas são sentenças que são verdadeiras *simpliciter* – e não meramente verdadeiras em relação a alguns contextos ou pontos de vista e falsas em relação a outros.[17]

Como deveria responder um teórico da série A? É significativo que o exemplo de Horwich seja um exemplo espacial. Isso, dirá o teórico da série A, faz toda a diferença, pois é plausível supor que pode haver uma descrição completa e consistente de todos os fatos espaciais. A intuição da completude é robusta no caso dos fatos espaciais. Duas pessoas com posições muito diferentes no espaço podem, todavia, concordar em relação a todos os fatos espaciais. Essa é, afinal de contas, a razão de os mapas serem úteis: não precisamos de um mapa diferente para cada localização. Assim, Horwich está certo em relação a que, no seu exemplo, a descrição canônica é "X está a esquerda de Y em relação a Z" e não "X está a esquerda de Y", mas isso é porque fatos espaciais admitem uma descrição completa (independente do observador). Contudo, fatos temporais não o admitem, e o exemplo de Horwich serve meramente para destacar uma diferença fundamental entre tempo e espaço. Ou assim é como o teórico da série A provavelmente responderia.

Outro modo de formular a resposta do teórico da série A é como segue. Embora se pudesse formular uma "teoria A" do espaço – a visão de que aqui e ali, perto e longe, são propriedades espaciais fundamentais, não-redutíveis a propriedades e relações espaciais da "série B", tais como "em Oxford", "50 milhas ao norte de Londres", etc. – essa teoria não apresenta nenhuma plausibilidade. Como Dummett escreve: "o uso de **expressões espécime-reflexivas espaciais** (isto é, expressões como "aqui" e "ali") não é essencial para a descrição dos objetos tal como se encontram em um espaço. Ou seja, eu posso descrever um arranjo de objetos no espaço, mesmo que eu próprio não tenha nenhuma posição nesse espaço".[18]

Eu posso fornecer uma descrição completa de fatos espaciais de qualquer perspectiva espacial ou de nenhuma e, portanto, sem usar termos como "aqui". Em contrapartida, Dummett sugere, eu não posso fornecer uma descrição completa de fatos temporais sem usar termos perspectivos como "agora", "passado" e "futuro". Sendo assim, o requisito da completude, embora plausível no caso espacial, é implausível no caso temporal. Além disso, a idéia de um fato perspectivo não é "idiossincrática", mas exatamente o que fatos temporalizados pareceriam ser se a série A fosse verdadeira.

TEORIA A OU TEORIA B?

Vamos fazer um balanço. Nós descrevemos duas séries temporais, a série A e a série B, e dissemos que existem duas teorias do tempo concorrentes, a teoria A e a teoria B. De acordo com a teoria A, a série A é fundamental para o tempo. De acordo com a teoria B, a série B é fundamental. McTaggart apresentou dois argumentos: o primeiro contra a teoria B (alegando que ela é incompleta porque não explica o fato da mudança), e o segundo contra a teoria A (alegando que a série A é contraditória). Considerando que ele próprio havia destruído ambas as teorias do tempo, McTaggart concluiu que o tempo é irreal.

Contudo, consideramos que nenhum dos argumentos é convincente. Há uma noção perfeitamente inteligível de mudança, definível nos termos da série B, e o teórico da série A tem os recursos para obstruir a derivação da contradição acusada por McTaggart. Como nenhuma teoria foi refutada, podemos perguntar novamente qual teoria devemos aceitar: a teoria A ou a teoria B?

As teorias A e B não são exatamente variantes terminológicas: elas oferecem imagens muito diferentes da realidade. De acordo com a teoria A, a realidade está constantemente mudando simplesmente em virtude da passagem do tempo. Os eventos estão constantemente trocando suas posições na série A. Meu aniversário foi futuro, depois brevemente presente e, então, passado para sempre. Essa imagem dinâmica da realidade é por vezes apresentada em termos de um *agora* em movimento, ilustrando o fluxo do tempo.

Diferentes versões da teoria A são possíveis. Conforme o presenteísmo, somente o presente é real. Para C.D. Broad, o presente e o passado são reais, mas o futuro é irreal. Segundo a concepção de Broad, a soma total da realidade é crescente à medida que o tempo passa. De acordo com McTaggart, um teórico da série A sustentaria que passado, presente e futuro são igualmente reais.[19]

Contudo, somente as duas primeiras versões parecem ter o espírito da teoria A, e a concepção de Broad é a mais plausível.[20] É da essência da teoria A que seja atribuída ao presente uma posição privilegiada, e ele não pode ter essa posição se passado, presente e futuro são igualmente reais. O *agora* mantém-se mediante sério trabalho ontológico: à medida que desliza sobre os eventos, ele lhes confere ser. Ao sustentar que o futuro é irreal, o teórico da série A admite um sentido segundo o qual o futuro está aberto: no presente, uma quantidade de vias futuras são possíveis, e o *agora* fecha todas, menos uma, enquanto ele ocorre.[21]

Essa imagem da realidade contrasta nitidamente com aquela da teoria B. De acordo com a teoria B, não existe nenhum *agora* em movimento, o tempo não flui, e passado, presente e futuro são igualmente reais. Embora saibamos mais sobre o passado do que sabemos sobre o futuro, isso não ocorre porque o futuro seja irreal, mas porque o conhecimento é causal e existe pouca ou nenhuma causação retroativa em nosso universo. Segundo a teoria B, "agora" refere uma entidade em movimento, é um indexical puro. Uma declaração de "agora" refere simplesmente o instante da declaração, exatamente como uma declaração de "Eu" refere aquele que a declara, e uma declaração de "aqui" refere o lugar da declaração. O tempo presente não é mais privilegiado em relação a outros tempos do que eu sou privilegiado em relação a outras pessoas, ou o lugar que eu ocupo atualmente é mais privilegiado em relação a outros lugares.

As teorias A e B, assim, constituem concepções muito diferentes e incompatíveis da realidade. De acordo com a (melhor versão da) teoria A, o tempo literalmente flui, e o futuro é irreal. De acordo com a teoria B, o tempo não flui, e passado, presente e futuro são igualmente reais. Teóricos da série A tendem a enfatizar as diferenças entre tempo e espaço; teóricos da série B vêem tempo e espaço como dimensões análogas.

Eu não tentarei decidir entre as teorias A e B aqui. Alguns vêem nas observações de Dummett antes mencionadas não apenas uma defesa da teoria A contra a objeção de McTaggart, mas um argumento positivo em favor da teoria A e da concepção de que o tempo não é como o espaço. Outros consideram que alguns desenvolvimentos na física moderna – em particular, a teoria especial da relatividade – mostram que não existe nenhum *agora* único e absoluto. O que está acontecendo agora é relativo ao sistema de referência do sujeito. O que é presente em um sistema de referência pode ser passado em outro. Isso, por sua vez, é usado por alguns para minar a teoria A.[22] Mas a disputa está ainda muito viva e demonstra como as discussões metafísicas podem valer-se tanto dos resultados empíricos quanto da reflexão *a priori*.

OBSERVAÇÕES FINAIS

Neste capítulo, distinguimos dois modos de ordenar eventos no tempo: na série A e na série B. Levantou-se a questão relativa a qual série, se alguma, seria fundamental para o tempo. A teoria A sustenta que a série A é fundamental, enquanto a teoria B sustenta que a série B é fundamental. Examinamos dois interessantes argumentos de McTaggart contra cada uma dessas teorias e consideramos ambos os argumentos insuficientes. É uma questão aberta a de saber qual teoria do tempo é correta, embora algumas considerações tecidas no próximo capítulo favoreçam a teoria A.

QUESTÕES PARA ESTUDO

- Como a série A deve ser distinguida da série B?
- Por que McTaggart pensou que a mudança era possível somente na série A?
- Qual é o paradoxo de McTaggart?
- De que modos o tempo se assemelha ao espaço?
- O teórico da série A atribui uma significação ontológica infundada às verdades temporalmente perspectivas (verdades como "está chovendo agora")?

LEITURAS RECOMENDADAS

M. Dummett, "A Defence of McTaggart's Proof of the Unreality of Time", em seu *Truth and Other Enigmas*. Cambridge, Mass.: Harvard University Press, 1980, p. 351-357. Essa não é uma defesa do paradoxo de McTaggart, mas uma reivindicação de que o paradoxo seja tomado seriamente. Dummett pensa que o paradoxo de McTaggart, embora não mostre que o tempo é irreal, obriga-nos a abandonar um princípio intuitivo acerca da descrição da realidade.

P. Horwich, *Asymmetries in Time*. Cambridge, Mass.: MIT Press, 1987, Capítulo 2. Uma discussão clara e engajada de todas as questões discutidas aqui. Horwich considera que o paradoxo de McTaggart refuta a teoria A, mas diverge dele sobre se a mudança é possível na série B.

R. Le Poidevin e M. MacBeath (eds.), *The Philosophy of Time*. Oxford: Oxford University Press, 1993. Uma introdução útil, escrita pelos editores, e reimpressão de discussões clássicas dos problemas relativos ao tempo elaboradas por (entre outros) McTaggart, Prior, Mellor, Shoemaker, Dummett, Lewis e Quinton.

J.M.E. McTaggart, *The Nature of Existence*, Vol. II. Cambridge: Cambridge University Press, 1927, Capítulo 33. (Reimpresso como "Time is not Real" in R.C. Hoy e L.N. Oaklander (eds.), *Metaphysics: Classic and Contemporary Readings*. Belmont, Calif.: Wadsworth, 1991, p. 43-54.) A discussão de McTaggart orientou o debate filosófico sobre o tempo no século XX e o faz também no século XXI.

H. Mellor, *Real Time*. Cambridge: Cambridge University Press, 1981, Capítulo 6 (segunda edição, 1998). Como Horwich, Mellor considera que o paradoxo de McTaggart mina a teoria A e sustenta que a mudança é possível somente na série B. Uma defesa vigorosa da teoria B.

D.C. Williams, "The Myth of Passage", *The Journal of Philosophy*, v. 48, p. 457-472, 1951. (Reimpresso in Hoy e Oaklander, op. cit., p. 55-63.) Uma defesa espirituosa da teoria B do tempo e do universo como bloco.

RECURSOS NA INTERNET

H. Dyke (2005) "Time, Metaphysics of", in E. Craig (ed.), *Routledge Encyclopedia of Philosophy*. Disponível em: <http://www.rep.routledge.com/article/N123>. Acesso em: 31 maio 2006.

N. Markosian (2002) "Time", *The Stanford Encyclopedia of Philosophy (Edição de inverno de 2002)*, Edward N. Zalta (ed.). Disponível em: <http://plato.stanford.edu/archives/win2002/entries/time>. Acesso em: 31 maio 2006.

R. Le Poidevin (2005) "Presentism", in E. Craig (ed.), *Routledge Encyclopedia of Philosophy*. Disponível em: <http://www.rep.routledge.com/article/N120> Acesso em: 31 maio 2006.

L. Sklar (1998) "Time", in E. Craig (ed.), *Routledge Encyclopedia of Philosophy*. Disponível em: <http://www.rep.routledge.com/article/Q107> Acesso em: 31 maio 2006.

6

Tempo: três enigmas

INTRODUÇÃO

Neste capítulo, eu quero examinar três interessantes enigmas referentes ao tempo, dois dos quais têm implicações para o debate acerca da natureza do tempo. Discutirei o enigma "Graças a Deus isto acabou!", de Arthur Prior, o de Shoemaker sobre a possibilidade de haver tempo sem mudança e o de Lewis sobre a possibilidade da viagem no tempo. Tanto o argumento de Prior quanto a possibilidade de o tempo existir sem mudança sustentam a teoria A.

VIAGEM NO TEMPO

Muitos programas de televisão (por exemplo, alguns episódios de *Jornada nas estrelas*), filmes (como *O exterminador do futuro*) e histórias de ficção científica (como *A máquina do tempo*, de H.G. Wells) descrevem um sujeito viajando no tempo. O que distingue um viajante do tempo de uma pessoa comum é que o tempo pessoal dele difere do tempo externo. Um viajante do tempo pode viajar mil anos para o passado ou para o futuro em somente uma hora de tempo pessoal. Ou seja, o seu cabelo cresce a quantidade que normalmente cresce em uma hora, seu relógio mostra-lhe que uma hora decorreu, etc. Não obstante, de fato, mil anos se passaram. Um mundo em que se viaja no tempo é realmente estranho. Se a viagem é para o passado, ele contém causação retroativa e pode conter excentricidades metafísicas, como cadeias causais. Alguns pensam que, se a viagem para o passado é possível, um viajante do tempo que concebeu o plano de mudar o passado poderia voltar no tempo e mudar o passado. Essa é a premissa do filme *O exterminador do futuro*. Porém, essa premissa é falsa. Nenhum plano como esse jamais pode ser executado, pois "mudar o passado" é uma descrição contraditória. Existe, portanto, uma inconsistência no próprio coração de *O exterminador*.

O ENIGMA DE PRIOR

Em 1959, Prior propôs o seguinte enigma para a teoria B do tempo. Ele escreveu:

> Diz-se, por exemplo, "Graças a Deus isto acabou!", e isso, quando dito, não apenas é inteiramente claro sem nenhuma data apensa, mas diz algo que é impossível que qualquer uso de uma ligação não-temporalizada com uma data possa transmitir. Essa exclamação não significa o mesmo que "Graças a Deus a data da conclusão disto é sexta-feira, 15 de junho de 1954", mesmo que tenha sido dita nesse dia. (Nem significa, por isso, "Graças a Deus a conclusão disto é contemporânea a esta declaração". Por que deveríamos agradecer a Deus por isso?)[1]

Ou seja, a teoria B não tem recursos para dar a declarações de "Graças a Deus isto acabou" o seu suposto conteúdo. Tais declarações podem ter esse conteúdo somente se a teoria A é verdadeira.

Contudo, Prior expôs o enigma de um modo um tanto enganoso. A teoria B é uma teoria da natureza do tempo, não uma teoria acerca do significado de sentenças temporalizadas (sentenças que contêm termos da série A, tais como "passado", "presente" e "futuro"). "A morte de Hitler é passado" significa o mesmo que sua contrapartida não-temporalizada, a saber, "esta declaração de 'A morte de Hitler é passado' ocorreu depois da morte de Hitler". A alegação da teoria B é que verdades temporalizadas (aquelas que são expressas mediante o uso "passado", "presente", "futuro" e outros termos da série A) **reduzem-se** a verdades não-temporalizadas (aquelas que são expressas mediante o uso de termos e relações da série B). Similarmente, segundo a teoria B, fatos temporalizados reduzem-se a fatos não-temporalizados. Em geral, a redução de um fato a outro não precisa envolver nenhuma alegação de sinonímia entre sentenças.

Felizmente, como Hugh Mellor observou, o enigma de Prior pode ser reformulado de um modo que o compromete diretamente com a teoria B:

> Suponhamos que você tenha tido há pouco uma experiência dolorosa, por exemplo, uma dor de cabeça. Agora que ela acabou, você diz com alívio "Graças a Deus isto acabou!". Por que você está dando graças a

Deus? A julgar pelas aparências, é pelo fato de que a dor de cabeça não é mais uma experiência presente, ou seja, porque ela agora é passado. É por isso, presumivelmente, que você faz a sua observação depois da dor, e não durante ou antes dela. Isso pode (...) , entretanto, ser explicado [segundo a teoria B]?²

A.N. PRIOR (1914-1969)

Arthur Norman Prior nasceu na Nova Zelândia. Foi professor de filosofia na Universidade de Manchester e, posteriormente, *fellow* do Balliol College, Oxford. Morreu bruscamente, em 1969, apenas três anos após chegar em Balliol. Prior fez importantes contribuições para o desenvolvimento da lógica do tempo e da metafísica do tempo. Explorou analogias entre a lógica da necessidade e da possibilidade e a lógica do passado, presente e futuro. Os operadores temporais "foi o caso que p" e "será o caso que p" foram interpretados como funcionando analogamente aos operadores modais "é necessário que p" e "é possível que p". Então, uma sentença comum no tempo passado, tal como "Bill era careca", era representada de modo mais perspícuo como "foi o caso que: Bill é careca". Prior pensava que as proposições temporalizadas eram necessárias para a expressão de fatos temporais e, assim, foi um teórico defensor da série A como constitutiva do tempo. Valeu-se freqüentemente da obra dos lógicos antigos e medievais, tendo sido, segundo a opinião geral, um professor inspirador e incansável.

Esse, portanto, é o enigma. Segundo a teoria B, todos os fatos temporais são não-temporais (podemos falar de fatos temporais se isso nos apraz, mas eles são redutíveis a fatos não-temporais). Fatos não-temporais são fixos e imutáveis. Eles permanecem em todos os tempos. Por isso, pode ser que jamais seja apropriado agradecer a Deus por um fato não-temporal em um momento *em vez de* em outro. No entanto, é apropriado agradecer a Deus quando uma dor é passado, e não quando ela é presente ou futuro. De sorte que, se eu agradeço a Deus quando uma dor de cabeça é passado, eu estou agradecendo a Deus por um fato temporal (que a dor de cabeça é passado), mas eu não estou agradecendo a Deus por nenhum fato não-temporal; portanto, fatos temporais não são redutíveis a fatos não-temporais, e a teoria B é falsa.

A própria resposta de Mellor a essa versão do enigma de Prior é alegar que, quando eu digo "Graças a Deus isto acabou" após o fim de uma dor de cabeça, eu não estou agradecendo a Deus por nenhum fato; portanto, não estou agradecendo a Deus pelo fato temporal de que minha dor de cabeça é passado, mas meramente expressando alívio (não alívio por qualquer coisa, somente alívio). Entretanto, essa resposta é implausível. Mesmo que alívio não tenha sempre um objeto intencional (casos em que alguém está aliviado, porém não aliviado por algo em particular), geralmente ele tem, e seguramente o tem no tipo de caso que estamos considerando. Quando eu digo "Graças a Deus isto acabou" após o fim de uma penosa dor de cabeça, eu estou aliviado por alguma coisa em particular, a saber, pelo fato de que minha dor de cabeça é passado. Portanto, a redescrição de Mellor desse caso não é plausível.

O que o exemplo de Prior mostra é que algumas das nossas atitudes pressupõem a mudança de fatos temporais. Eu agradeço a Deus porque o fato de minha dor de cabeça ser presente deu lugar ao fato de ela ser passado. Visto que, segundo a teoria que defende a série B como constitutiva do tempo, todos os fatos temporais são não-temporais e imutáveis, o teórico da série B não pode conferir nenhum sentido a essa atitude.

Além disso, o enigma de Prior generaliza. O problema não é somente que a teoria B não pode conferir nenhum sentido a declarações do tipo "Graças a Deus isto acabou". Ela não pode conferir sentido a muitas de nossas atitudes em relação às nossas próprias experiências. Por exemplo, nós nos sentimos cada vez mais aliviados à medida que algum episódio vergonhoso retrocede no passado. Como podemos compreender isso nos termos da série B? Por que eu deveria estar aliviado em relação ao fato de que, por exemplo, 2005 é uma data cinco anos posterior aos eventos vergonhosos de 2000? Ou que 2006 é uma data seis anos posterior a esses eventos? Essas tautologias não podem gerar sentimentos de alívio.

Mais geralmente, considere o fato de que nos preocupamos mais com sofrimentos futuros do que com sofrimentos passados. Preferimos alguma experiência desagradável que esteja em nosso passado a uma outra que ainda está por vir. Como Parfit diz, somos "tendenciosamente direcionados para o futuro".[3] Como podemos explicar essa atitude segundo a teoria B? As relações "anterior a" e "posterior a" são perfeitamente simétricas. Por que o fato de uma dor ser posterior ao instante da declaração, ao invés de anterior, deveria ser uma razão para se preocupar mais com ela?

Em contrapartida, o teórico da série A pode ao menos dizer o seguinte: o tempo tem uma direção intrínseca do passado para o futuro, e isso autoriza a nossa preocupação assimétrica. É razoável preocupar-se com sofrimentos futuros porque eles estão se movendo em nossa direção, assim como é razoável preocupar-se menos com sofrimentos passados porque eles estão se movendo cada vez mais para longe de nós. Mas o que o teórico da série B pode dizer? O enigma de Prior é, assim, somente um dentre uma família de enigmas que colocam uma dificuldade especial para a teoria B.

TEMPO SEM MUDANÇA

Que conexão existe entre tempo e mudança? É inegável que a mudança implica tempo: a mudança é um processo temporal. Mas o tempo implica mudança? Ou seja, é possível existir um período de tempo durante o qual nada mude no universo inteiro?[4] Não estamos perguntando se houve ou haverá um período de tempo livre de mudança em nosso universo. Estamos simplesmente questionando a idéia, na medida em que ela faz sentido, ou seja, se é lógica ou conceitualmente possível haver um período de tempo livre de mudança. E, se isso é possível, se em algum mundo possível as pessoas seriam capazes de dizer se um período de tempo sem mudança decorreu? O interessante artigo de Sydney Shoemaker, intitulado "Time without change", formula um engenhoso argumento para responder a essa questão positivamente.[5]

> ### TEMPO SEM MUDANÇA
>
> Muitos filósofos (Aristóteles, Hume e McTaggart, para citar apenas três) pensaram que o tempo implica a mudança. Isto é, se o tempo passa, então em algum lugar no universo alguma quantidade de mudança, embora pequena, deve ocorrer. Dado o modo como McTaggart entende "tempo" e "mudança", é uma verdade definicional (...) que não necessita de argumento para estabelecer-se (...) que o tempo implica mudança. Aristóteles ofereceu um argumento para a impossibilidade do tempo sem mudança, embora não seja um bom argumento. Ele argumentou que não pode haver tempo sem mudança porque a consciência da passagem do tempo necessariamente envolve a consciência da mudança. Porém, isso elimina a possibilidade de que o tempo possa passar sem estarmos conscientes da sua passagem e de que, durante tal período, não ocorra nenhuma mudança. É claro, não podemos ser diretamente conscientes do tempo sem a mudança, visto que nossa consciência contínua é ela própria uma mudança. Contudo, talvez possamos ter evidência indireta de que um período de tempo livre de mudança tenha decorrido. O mundo imaginário de Shoemaker ilustra muito bem essa possibilidade. Ao mostrar como as pessoas nesse mundo poderiam razoavelmente vir a crer que decorreu um ano de tempo sem mudança, Shoemaker fornece apoio adicional à tese de que o tempo sem mudança é uma possibilidade lógica.

Alguns filósofos famosos insistiram no fato de que não pode haver tempo sem mudança – Aristóteles, Hume e McTaggart, para dar três exemplos ilustres. Contudo, como vimos no capítulo anterior, McTaggart concebia a propriedade de tornar um evento mais passado como uma mudança.

Segundo essa concepção, a mera passagem do tempo conta como mudança – e, assim, o tempo sem mudança seria impossível por definição.

Em sua discussão, Shoemaker não considera essas **mudanças de McTaggart** como mudanças genuínas e entende "mudança" como "mudança comum": um objeto muda quando ele muda sua cor, sua altura, seu peso, seu momento, sua posição no espaço, etc. Assim entendida, a questão de saber se pode haver tempo sem mudança não mais responde, ela própria, imediatamente, a questão. É também nesse sentido de "mudança" que Aristóteles e Hume negaram que poderia haver um período de tempo sem mudança.

Por que pensar que o tempo necessariamente envolve mudança (no sentido comum de "mudança")? Shoemaker cita as razões de Aristóteles:

> quando o estado das nossas próprias mentes não muda de modo algum, ou não o notamos mudar, não percebemos que o tempo passou, assim como ocorre àqueles que, conforme a fábula, dormiram entre os heróis da Sardênia ao serem despertados, pois eles conectam o "agora" anterior com o posterior e os tornam um, excluindo o intervalo em virtude do seu fracasso em percebê-lo.[6]

Embora não tenham significado transparente, essas observações sugerem a seguinte linha de pensamento. Não pode haver tempo sem mudança porque nossa consciência da passagem do tempo envolve necessariamente consciência da mudança (ou em nossas próprias mentes ou no mundo observável).

Entretanto, esse não é um argumento convincente. Em primeiro lugar, ele é estruturalmente falho. Sua conclusão é metafísica (o tempo necessariamente envolve mudança), mas sua premissa é epistêmica (referente a uma condição relativa a nossa consciência da passagem do tempo). Como pode uma conclusão metafísica seguir-se de uma premissa epistemológica? Está Aristóteles supondo que o tempo passa somente se estamos conscientes da sua passagem? Além disso, a premissa de Aristóteles – nossa consciência da passagem do tempo envolve necessariamente a consciência da mudança – é ambígua. Ela ignora a distinção entre consciência direta e indireta. Obviamente, eu não posso ser diretamente consciente do tempo sem mudança, visto que minha própria consciência constituiria mudança. Mas por que eu não poderia ter evidência indireta de que decorreu um certo período de tempo sem mudança? Para usar a analogia de Shoemaker, eu não posso verificar diretamente o enunciado "dado um instante t, o universo não contém nenhuma mente em t", uma vez que qualquer tentativa de verificá-lo minaria a si própria, mas eu posso certamente dispor de evidência indireta, a partir da cosmologia, que justifica minha aceitação desse enunciado.[7]

Shoemaker procede, então, no sentido de fornecer um exemplo de um mundo no qual existe um período de tempo sem mudança e no qual as pessoas desse mundo teriam boa razão para crer que houve um certo período de tempo sem mudança. Shoemaker imagina um mundo dividido em três regiões espaciais: A, B e C. Naturalmente, há interação entre as pessoas de todas essas três regiões, e elas podem deslocar-se livremente de uma região para as outras. Porém, ocorre a seguinte peculiaridade: de vez em quando, uma das regiões "congela" por um período de um ano. Assim, por exemplo, quando A congela, as pessoas nas regiões B e C podem ver que nenhum evento ocorre em A. Quando o ano acaba, tudo em A retorna à vida. As pessoas em A continuam a conversar umas com as outras como se nenhum tempo tivesse decorrido. É claro, as coisas pareceriam estranhas a qualquer habitante de A que inspecionasse B e C antes do congelamento. Pouco depois do fim do congelamento, parecerá a tal habitante como se grandes mudanças tivessem ocorrido instantaneamente. Entretanto, uma vez que os habitantes de B e C expliquem o que aconteceu, o desnorteamento dos habitantes de A será relativamente atenuado. O que acontece à região A também acontece periodicamente a outras regiões, e esses congelamentos são verificados pelas pessoas que vivem nas regiões não-congeladas.

Nós ainda não temos um exemplo de tempo sem mudança. Tal como descrevemos esse mundo até aqui, sempre que há uma região congelada, há duas regiões não-congeladas nas quais há mudança. Contudo, os membros mais atentos desse mundo começam a notar uma certa regularidade nos congelamentos: A congela a cada três anos, B congela a cada quatro anos e C congela a cada cinco anos. A partir dessa informação, eles podem deduzir, por aritmética elementar, que a cada seis anos há um congelamento global: A, B e C ficam simultameamente congeladas por um ano.[8] Temos, então, o que procurávamos: um mundo no qual há um período de tempo sem mudança e no qual os habitantes podem predizer quando haverá tal período.

O mundo de Shoemaker parece possível, mas uma questão urge. O que causa o fim de um congelamento? No caso de um congelamento local, digamos em A, talvez sejam eventos em B ou C que causam o fim do congelamento em A. Porém, o que causa o fim de um congelamento global? Não são eventos que ocorrem durante o ano do congelamento global, pois não ocorre nenhum evento. Tampouco a causa pode ser algum evento anterior ou simultâneo ao começo do congelamento, pois, então, o congelamento acabaria tão logo tivesse começado.

Não importa como respondemos a essa questão; nós devemos, ao que parece, abandonar o princípio "**nenhuma ação a uma distância temporal**". Ou seja, o tipo de causalidade em operação em nosso mundo imaginário deve violar o seguinte princípio:

> (P) Se um evento é causado, então, qualquer intervalo temporal que o precede, não importa quão breve ele seja, contém uma causa suficiente de sua ocorrência.

Como Shoemaker formula: "Supor que (P) é falso é supor que um evento poderia ser causado diretamente, e não *via* uma cadeia causal de mediação, por um evento que ocorreu um ano antes, ou que um evento poderia ser causado pelo fato de tal e tal ter sido o caso por um período de um ano".[9] Embora pensemos que o nosso mundo seja governado pelo princípio (P) – isto é, se A em t1 causa B em t2, esperamos que exista uma cadeia espaço-temporalmente contínua de causas e efeitos que liguem A com B – Shoemaker não vê nenhum obstáculo conceitual que nos impeça de abandonar (P). Quer dizer, poderia haver um mundo como o que estamos imaginando, contendo uma relação que mereça ser chamada de "causação", que viola o princípio (P).

Em um mundo que viola (P), a mera passagem do tempo tem eficácia causal. Dado que mudanças causalmente eficazes são genuínas, as mudanças meramente temporais em tal mundo são genuínas. Em outras palavras, as mudanças de McTaggart, as quais Shoemaker anteriormente excluiu do reino das mudanças genuínas, devem ser consideradas como genuínas, ao menos em mundos que violam (P). A passagem do tempo nesse mundo é causalmente eficaz. Nesse caso, o mundo imaginário de Shoemaker não é um mundo em que existe tempo sem mudança.

Contudo, Shoemaker obtém sucesso na tentativa de descrever um mundo no qual existe tempo sem mudança (no sentido comum de mudança), e no qual períodos de tempo sem mudança podem ser preditos pelos seus habitantes. Ocorre que, nesse mundo, a mudança comum não é o único tipo de mudança genuína que existe. Pode haver períodos de tempo sem mudança comum, mas não períodos de tempo sem mudança.

Podemos finalizar observando que a tese que Shoemaker tornou tão plausível – que podem existir períodos de tempo sem mudança comum – apresenta uma dificuldade para o teórico que argumenta em favor da série B como constitutiva do tempo. Como é possível, para o teórico da série B, que decorra o período de um ano sem mudança se não há nenhum evento nesse ano que possa estar nas relações – características da série B – com outros eventos? A passagem do tempo, segundo o teórico da série B, consiste apenas de eventos ordenados na série B. Como ocorre com o enigma de Prior, temos outra consideração que se coloca contra a teoria B e a favor da teoria A.

VIAGEM NO TEMPO

Para muitos, a viagem no tempo é o tópico mais excitante da filosofia do tempo. De um ponto de vista filosófico, as questões mais fundamentais relativas à viagem no tempo são: a viagem no tempo é possível e com o que um mundo no qual ocorre a viagem no tempo se pareceria? Ao responder essas questões, não estamos supondo que a viagem no tempo ocorre ou jamais ocorrerá nesse mundo. Estamos meramente perguntando se ela é possível. E por possível queremos significar possível no mais amplo sentido do termo, a saber: lógica ou conceitualmente possível. Não estamos preocupados em saber se a viagem no tempo é fisicamente possível (se ela é compatível com as atuais leis da natureza), embora essa seja uma questão interessante, mas em saber em que medida tal viagem é inteligível. Todos nós podemos apreciar histórias e filmes que contêm viajantes do tempo, mas essas histórias representam possibilidades reais? Ao responder essa questão, irei valer-me do excelente artigo de David Lewis, intitulado "The Paradox of Time Travel".[10]

DAVID LEWIS (1941-2002)

David Lewis ensinou brevemente na UCLA antes de transferir-se para a Universidade de Princeton, em 1970. Escreveu em muitas áreas da filosofia, mas é mais conhecido por seu trabalho sobre condicionais contrafactuais e filosofia da modalidade (possibilidade e necessidade). De acordo com Lewis, um condicional contrafactual do tipo "se A tivesse sido o caso, B teria sido o caso" é verdadeiro se algum mundo em que A e B são ambos verdadeiros é "mais próximo" ao nosso mundo do que algum mundo em que A e ~B são ambos verdadeiros. Lewis concebe "proximidade" em termos de similaridade e tem uma concepção realista dos mundos possíveis: mundos possíveis existem assim como o nosso mundo existe. Não há nada de especial ou privilegiado acerca do mundo atual, pois cada mundo é atual para os seus habitantes. Alguns têm assinalado que "proximidade" não pode ser entendida em termos de similaridade, e muitos têm assinalado que a concepção realista de Lewis sobre os objetos possíveis e os mundos possíveis é inacreditável (visto que ela nos convida a acreditar que montanhas de ouro e burros falantes existem precisamente do mesmo modo que nossas montanhas e nossos burros existem).

Em primeiro lugar, devemos definir "viagem no tempo". Como Lewis diz: "inevitavelmente, ela (a viagem no tempo) envolve uma discrepância entre tempo e tempo".[11] A viagem no tempo pode ser para o passado ou para o futuro: em cada caso, a jornada do viajante do tempo pode levar, por exemplo, uma hora, embora ele possa ter-se deslocado centenas de anos para o passado ou para o futuro. A idéia de uma discrepância entre tempo e tempo pode soar incoerente, embora Lewis evite a incoerência:

> distinguindo o próprio tempo, o *tempo exterior* – como eu o chamarei – do *tempo pessoal* de um viajante particular do tempo: *grosso modo*, aquele que é medido pelo seu relógio de pulso. Sua jornada leva uma hora do tempo pessoal, digamos: seu relógio de pulso assinala uma hora após ter chegado de onde partiu. Mas a chegada é mais do que uma hora depois da partida no tempo exterior.[12]

É importante compreender que a distinção entre tempo pessoal e exterior não é aquela entre duas dimensões do tempo. Lewis diz do tempo pessoal que ele:

> não é realmente tempo, mas desempenha o papel na vida [do viajante do tempo] que o tempo desempenha na vida de uma pessoa comum. (...) Nós podemos comparar intervalos de tempo exterior a distâncias como as percorridas pelos corvos em seu vôo e intervalos de tempo pessoal a distâncias percorridas em uma trilha sinuosa. A vida do viajante do tempo é como uma estrada de ferro na montanha. (...) nós não estamos tratando aqui de duas dimensões independentes. Exatamente como a distância pela estrada de ferro não é uma quarta dimensão espacial, assim também um tempo pessoal de um viajante do tempo não é uma segunda dimensão do tempo.[13]

A distinção entre tempo pessoal e tempo exterior permite-nos compreender a discussão acerca da identidade pessoal no caso de um viajante do tempo. Pretendemos dizer que o viajante do tempo que entra em sua máquina do tempo em 2008 é a *mesma pessoa* que o homem que sai da máquina uma hora depois no tempo pessoal, em 1900. Geralmente se pensa que as relações de **continuidade mental e/ou corpórea** contribuem para a identidade pessoal através do tempo (Ver Capítulo 8). No caso de alguém que não é um viajante do tempo, a expressão "através do tempo" não é ambígua. Porém, no caso de um viajante do tempo, ela é ambígua entre "através do tempo exterior" e "através do tempo pessoal". Lewis sugere que deveríamos ver a identidade pessoal de um viajante do tempo como contínua mentalmente e/ou corpórea com relação ao tempo pessoal. Isso nos permite concordar com o veredicto intuitivo segundo o qual a pessoa que entra na máquina do tempo em 2008 é a mesma pessoa que sai da máquina em 1900.[14]

Até aqui delineamos uma importante distinção entre tempo pessoal e tempo exterior, a qual nos permite, ao menos *prima facie*, esclarecer a viagem através do tempo. Contudo, ainda há enigmas e paradoxos insidiosamente ocultos na própria idéia de viagem através do tempo e de agentes (pessoas) que viajam no tempo. Esses enigmas e paradoxos sempre tendem a ser apresentados com relação à viagem ao passado, e não ao futuro. A questão de que trataremos a seguir é se esses enigmas e paradoxos apresentam objeções genuínas à possibilidade da viagem no tempo. Eu argumentarei que eles não as apresentam – e que, portanto, não há nenhum obstáculo conceitual à viagem ao passado ou ao futuro. Aqui estão alguns dos enigmas.

CAUSAÇÃO RETROATIVA

A viagem através do tempo para o passado necessariamente envolve causação retroativa (no que diz respeito ao tempo exterior). Como Lewis diz de um viajante que se desloca para o passado: "você pode bater no seu rosto antes de ele partir e causar um olho roxo séculos atrás".[15] Ou, por outro lado, ao pressionar o botão de ignição de sua máquina do tempo em 2008, o viajante do tempo causa a chegada da máquina do tempo a 1900. É uma objeção à própria possibilidade da viagem ao passado que ela requeira a causação retroativa? Somente se a idéia de causação retroativa, a idéia de um efeito preceder sua causa, for incoerente. Excetuando-se as teorias que simplesmente estipulam que um evento conta como uma causa se ele precede seu efeito, nenhuma das principais teorias da causação elimina a possibilidade da causação retroativa. Portanto, não é razoável fazer objeção à viagem ao passado simplesmente porque ela envolve inevitavelmente causação retroativa. De fato, se a viagem ao passado não é impugnada por outras considerações, pode-se invocar a possibilidade da viagem através do tempo como um argumento a favor da causação retroativa.

CADEIAS CAUSAIS

Juntamente com a causação retroativa, a viagem ao passado gera também a possibilidade de cadeias causais:

> cadeias causais fechadas nas quais algumas das conexões causais têm direção normal e outras são invertidas. (. . .) Cada evento da cadeia tem uma explicação causal, sendo causado por eventos em outro ponto da cadeia. Isso não significa dizer que a cadeia como um todo é causada ou explicável. Ela pode não ser.[16]

Um bom exemplo de uma cadeia causal envolve a transferência de informação. Imagine um viajante do tempo que volta no tempo uns poucos anos e fala com o seu eu mais jovem. Eles discutem a viagem através do tempo e:

> no curso da conversa seu eu mais velho conta ao seu eu mais jovem como construir uma máquina do tempo. Essa informação não está disponível de nenhum outro modo. Seu eu mais velho sabia como construir a máquina porque seu eu mais jovem havia sido informado, e a informação foi preservada [na memória]. Seu eu mais jovem sabia, após a conversa, porque seu eu mais velho havia contado a ele. Mas de onde veio a informação em primeiro lugar? Por que todo o incidente aconteceu? Não há absolutamente nenhuma resposta.[17]

Cadeias causais são impossíveis? Se o são, então a viagem ao passado também deve ser impossível. Contudo, não há nenhuma razão para pensar que cadeias causais são impossíveis. Somos favoráveis a admitir a possibilidade de muitos eventos não-causados e inexplicáveis: "Deus, o *Big Bang*, todo o infinito passado do universo, a deterioração de um átomo trítio".[18] Se essas são possibilidades, por que não o são também as cadeias causais? A possibilidade de cadeias causais mostra que mundos em que as pessoas viajam ao passado são estranhos e muito diferentes do nosso mundo, mas não que tais mundos sejam impossíveis.

O PARADOXO DO AVÔ: UM VIAJANTE DO TEMPO PODE MUDAR O PASSADO?

Uma das mais famosas objeções à viagem através do tempo é que um viajante do tempo poderia mudar o passado. Como é impossível mudar o passado, conclui-se que a viagem através do tempo também é impossível.

É certamente verdadeiro que é impossível mudar o passado. Mudar o passado é tornar verdadeiro que um evento que aconteceu não aconteceu, ou tornar verdadeiro que um evento que não aconteceu realmente aconteceu. Mas não pode nunca ser verdadeiro que um evento aconteceu e não aconteceu – nem mesmo Deus pode fazer com que isso seja verdadeiro. Não há nada de especial sobre o passado nesse sentido. É igualmente impossível mudar o presente ou o futuro. Ninguém pode afirmar que um evento acontece e não acontece, ou que algum evento acontecerá e não acontecerá. É claro, nós podemos afetar ou causar o futuro (escolhendo agir de certo modo agora), mas não podemos mudá-lo no sentido antes definido. Aqueles que acreditam na possibilidade de viajar para o passado certamente se comprometem com a possibilidade de afetar ou causar o passado. Contudo, eles estão comprometidos com a possibilidade de um viajante do tempo mudar o passado?

Lewis pensa que não, porém começa por delinear o argumento no sentido de pensar que um viajante do tempo pode mudar o passado com o seguinte exemplo:

> Considere-se Tim. Ele detesta seu avô, cujo sucesso no comércio de munições construiu a fortuna da família que pagou pela máquina do tempo de Tim. Tim simplesmente gostaria de matar seu avô, mas, arre!, ele está muito atrasado. Seu avô morreu em sua cama em 1957, quando Tim era um rapaz. Porém, quando Tim construiu sua máquina do tempo e viajou até 1920, logo compreendeu que, afinal de contas, não era tão tarde assim. Comprou um rifle; gastou longas horas praticando tiro ao alvo; seguiu seu avô para aprender o itinerário do seu passeio diário.[19]

Tim pode matar o avô: ele tem um rifle altamente potente; ele é um bom atirador; as condições climáticas estão perfeitas, etc. Contudo, Tim não pode matar o avô: o avô morreu em sua cama em 1957, de modo que ele não pode ter morrido em 1920. A consistência exige, a despeito dos melhores esforços de Tim, que ele de alguma forma fracasse em seu intento de matar o avô. Por que ele fracassa? "Por alguma razão banal. Talvez algum ruído o distraia no último momento, talvez ele mesmo sinta um súbito acesso de rara piedade."[20] Portanto, conclui Lewis, ele está errado em pensar que um viajante do tempo pode mudar o passado.

Três comentários são pertinentes aqui. Primeiro, pode-se pensar que Lewis apenas substituiu uma contradição por outra. Não foi a contradição "Vovô morreu em 1920 e em 1957" substituída pela contradição "Tim tanto pode quanto não pode matar o avô"? Nesse caso, a viagem ao passado ainda implica uma contradição.

Lewis tem uma boa resposta a essa objeção. Não há aí nenhuma contradição, pois "pode" é equívoco. Em relação a um conjunto de fatos, Tim pode matar o avô (por exemplo, fatos acerca do rifle de Tim, sua habilidade de atirar, as condições climáticas, e assim por diante). No entanto, em relação a outro conjunto de fatos, mais abrangente (que inclui o fato de o avô não ter sido morto em 1920), Tim não pode matar o avô. Somente poderia haver uma contradição se Tim pudesse e não pudesse matar o avô, relativa ao mesmo conjunto de fatos. Mas isso não é algo com o qual um defensor da possibilidade da viagem no tempo esteja comprometido.

Segundo, o relato de Lewis é um relato causalmente incoerente: Tim está tentando eliminar uma das causas da sua própria existência.

Isso torna a tentativa de Tim duplamente impossível. Ela se auto-invalida tanto quanto se invalida a si mesma uma tentativa de mudar o passado. Mas o aspecto incoerente não é essencial para a solução de Lewis. Mesmo que Tim tentasse assassinar o sócio do seu avô, ele também fracassaria, pelo mesmo tipo de razão (dado que, por exemplo, o sócio viveu até 1950).

Terceiro, Lewis está completamente certo de que, se o relato de Tim é consistente, ele deve continuar de acordo com as linhas que sugere. De algum modo, Tim fracassa: sua arma emperra; ele atira em outra pessoa; ele erra, etc. Mas há algo de insatisfatório nisso. Suponhamos que, dia após dia, Tim tente acertar o avô, e a cada vez algo dê errado. Um dia está muito ventoso, no dia seguinte seu dedo escorrega, no seguinte sua arma emperra, e assim por diante. Cada fracasso tem uma explicação, mas a seqüência inteira dos mesmos não. Visto que Tim deseja matar o avô, segundo todos os critérios usuais, e tem os meios de fazê-lo, a seqüência de fracassos resultante constituiria uma série altamente improvável de eventos. Similarmente para qualquer outro viajante do tempo que tentasse "mudar o passado". Isso é certamente estranho, mas talvez não seja impossível. Essas improváveis seqüências não mostram que o mundo de um viajante do tempo seja impossível, porém elas confirmam o que nós já sabemos: que tal mundo é muito diferente do nosso.

Finalmente, vale assinalar que o tópico da viagem através do tempo constitui uma intersecção com o debate acerca das teorias A e B examinado no capítulo anterior. Se o presenteísmo é verdadeiro, e somente o presente é real, a viagem através do tempo deve ser impossível. Se passado e futuro são ambos irreais, para onde viajaria um viajante do tempo? Se a concepção de Broad é verdadeira – passado e presente real, futuro irreal – a viagem ao futuro deve ser impossível. (Portanto, se fôssemos visitados por viajantes do futuro, isso refutaria essas duas versões da teoria A – o presenteísmo e a concepção de Broad.) Somente a teoria B, a qual sustenta que passado, presente e futuro são igualmente reais, admite a viagem para o passado e para o futuro. Alguns podem considerar nossa discussão da viagem através do tempo como evidência em favor da teoria B, mas essa é talvez uma estratégia que incorre em petição de princípio. Melhor concluir: se o passado é real, então não existe nenhum obstáculo conceitual que impeça a viagem para o passado (assim como para o futuro).

OBSERVAÇÕES FINAIS

Examinamos três interessantes enigmas sobre o tempo – o enigma de Prior, o tempo sem mudança e a viagem através do tempo – e chegamos a algumas conclusões interessantes. O enigma de Prior produziu um bom argumento em favor da teoria A. Shoemaker descreveu com êxito um mundo possível cujos habitantes poderiam saber que o tempo passou por um ano sem que nenhuma mudança (no sentido comum de mudança) tivesse lugar. Esse resultado também favorece a teoria A, pois não está claro como a teoria B pode explicar o tempo que passa na ausência de eventos (mudanças) que possam ser ordenados conforme a série B. Finalmente, nossa discussão da viagem através do tempo mostrou que, supondo-se a realidade do passado, um mundo no qual a viagem ao passado ocorre é muito diferente do nosso mundo, embora seja possível.

QUESTÕES PARA ESTUDO

- O teórico da série B poderia alegar racionalmente que nossas atitudes temporalmente orientadas são irracionais?
- O teórico da série A pode explicar satisfatoriamente por que nos preocupamos mais com as experiências futuras do que com as passadas?
- Podemos gerar um análogo espacial do raciocínio de Prior ("Graças a Deus isto não está acontecendo aqui!") em defesa de uma "teoria A" do espaço? Isso lançaria dúvidas sobre o argumento original de Prior?
- O mundo imaginário de Shoemaker é realmente um mundo possível? Se o é, ele coloca algum problema para a teoria B?
- Existem paradoxos genuínos relativos à viagem no tempo?
- Um viajante do tempo poderia ser seu próprio pai?

LEITURAS RECOMENDADAS

P. Horwich, *Asymmetries in Time.* Cambridge, Mass.: MIT Press, 1987, Capítulo 7. Uma defesa totalmente técnica, porém útil, da alegação de Kurt Gödel segundo a qual a viagem através do tempo é fisicamente possível.

D. Lewis, "The Paradoxes of Time Travel", *American Philosophical Quartely*, v. 13, n. 1, 1976. Reimpresso em seus *Philosophical Papers*, Vol. II. Oxford: Oxford University Press, 1986, Capítulo 1. O tratamento filosófico clássico da viagem através do tempo. O artigo de Lewis é bastante acessível e livre de tecnicalidade.

H. Mellor, *Real Time.* Cambridge: Cambridge University Press, 1985. A defesa mais bem sustentada da teoria B disponível, contendo uma resposta ao argumento de Prior "Thank goodness that's over".

A. N. Prior, "Thank goodness that's over", *Philosophy*, v. 34, 1959. Enunciado claro de um problema hoje clássico para a teoria B.

S. Shoemaker, "Time without Change", in R. Le Poidevin e M. MacBeath (eds.), *The Philosophy of Time.* Oxford: Oxford University Press, 1993. Uma apresentação clara e completa do argumento a favor da possibilidade do tempo sem mudança.

RECURSOS NA INTERNET

P. Horwich (1998) "Time travel", in E. Craig (ed.) *Routledge Encyclopedia of Philosophy*. Disponível em: <http://www.rep.routledge.com/article/Q108>. Acesso em: 31 maio 2006.

F. Arntzenius e T. Maudlin (2005) "Time Travel and Modern Physics", *The Stanford Encyclopedia of Philosophy (Edição de Verão 2005.*, Edward N. Zalta (ed.), Disponível em: http://plato.stanford.edu/articles/sum2005/entries/time-travel-phys>. Acesso em: 31 maio 2006.

7

Livre-arbítrio

INTRODUÇÃO

Neste capítulo, trataremos de dois ataques à tese segundo a qual nós temos livre-arbítrio. Pode parecer ultrajante atacar essa tese, pois nos parece que agimos livremente quase o tempo todo. Contudo, desde o começo da filosofia, o nosso livre-arbítrio foi posto em questão.

O primeiro ataque ao livre-arbítrio consiste de uma coleção de argumentos e considerações conhecida como fatalismo. Os argumentos do fatalista clássico são de caráter puramente lógicos ou *a priori*: eles não se baseiam em nenhuma premissa empírica. Existe, entretanto, outra versão do fatalismo – o fatalismo teológico – que se baseia em suposições acerca da existência e da natureza de Deus.

A segunda linha de ataque ao livre-arbítrio baseia-se em uma premissa empírica – a premissa do determinismo. De acordo com esse segundo ataque, nosso universo é determinístico, e a verdade do determinismo é incompatível com – e, portanto, exclui – o livre-arbítrio. A tese do determinismo, se for verdadeira, é uma verdade contingente, empírica. Embora os argumentos do fatalista sejam menos que convincentes, o ataque ao livre-arbítrio que tem origem no determinismo é mais inquietante. Em uma outra guinada, Galen Strawson recentemente argumentou com vigor que o livre-arbítrio é uma noção incoerente e, portanto, incompatível tanto com o determinismo quanto com o indeterminismo.

A questão do livre-arbítrio é importante, não só porque é uma questão da metafísica, mas também porque geralmente se supõe que a responsabilidade moral requer o livre-arbítrio. Portanto, se o livre-arbítrio é uma ilusão, também o é a responsabilidade moral, o que mina aquelas práticas sociais, morais e legais que pressupõem tal responsabilidade.

FATALISMO

A conclusão do raciocínio fatalista, como seu nome sugere, é que nós somos prisioneiros do destino: não podemos fazer nada senão o que realmente fazemos. A versão mais simples do fatalismo vale-se de dois princípios *prima facie* plausíveis:

(i) Existirá somente um futuro atual.
(ii) Para qualquer proposição P, se P é verdadeira agora, foi verdadeira em qualquer tempo passado que P.

Com o primeiro princípio, pretende-se capturar a alegação indiscutível segundo a qual não existem dois ou mais futuros atuais. Existe somente um modo em que o universo evolverá posteriormente a qualquer instante dado, ainda que não saibamos qual modo é esse. O segundo princípio é uma versão da intemporalidade da verdade: se é verdadeiro agora que, por exemplo, Tony Blair venceu a eleição geral de 2005 no Reino Unido, então foi verdadeiro em qualquer tempo passado arbitrário, digamos 900 a.C., que Blair venceria a eleição de 2005.

Como esses princípios poderiam gerar uma conclusão fatalista? Suponhamos que P é um enunciado futuro contingente. Ele se refere a algum momento no futuro e não é necessariamente verdadeiro. Suponhamos que P refere-se a uma das minhas ações. Em particular, consideremos P = Eu votarei nos liberais no próximo ano. Sendo assim, existe somente um futuro atual (segundo o princípio [i]), e suponhamos que, de fato, eu votarei nos liberais no próximo ano. Assim, é verdadeiro agora que eu votarei nos liberais no próximo ano. Conforme o princípio [ii], em qualquer tempo passado arbitrário, digamos 1800, foi verdadeiro então que eu votaria nos liberais no próximo ano.

FATALISMO

Os fatalistas sustentam que era verdadeiro 100 anos atrás que eu escreveria estas palavras hoje. Os fatalistas teológicos afirmam que Deus sempre soube que eu escreveria estas palavras hoje. Eles concluem que era inevitável que eu escrevesse estas palavras hoje. Eu não poderia senão tê-las escrito. Essa ação – de fato todas as ações feitas por todas as pessoas – é, portanto, não-livre. A liberdade é uma ilusão. Felizmente, para nós, o raciocínio dos fatalistas é confuso. Eles pretendem fazer-nos pensar que algum fato acerca do passado ou do conhecimento prévio de Deus torna necessário ou verdadeiro que eu escreverei estas palavras hoje. Mas, intuitivamente, a direção da dependência é a oposta. Era verdadeiro 100 anos atrás que eu escreveria estas palavras hoje porque eu as escrevi livremente agora. Isso não faz com que um fato acerca do passado dependa de um fato acerca do presente? Não, pois o fato acerca do passado é somente superficial ou gramaticalmente acerca do passado. É realmente um fato acerca do presente disfarçado de um fato acerca do passado. Similarmente, se Deus sabia que eu escreveria estas palavras hoje, é porque eu escolhi livremente escrevê-las hoje. O argumento fatalista está destruído.

DETERMINISMO

A tese do determinismo tem sido tradicionalmente pensada como uma ameaça à liberdade de pensamento e de ação. Se o determinismo é verdadeiro, então, dadas as leis da natureza e o estado do universo, em qualquer tempo passado arbitrário está determinado que você leia estas palavras agora. É fisicamente impossível que você não as leia, e, por isso, sua leitura delas não é livre. Os compatibilistas sustentam que o determinismo não compromete nossa liberdade. Os partidários da doutrina do livre-arbítrio afirmam que o determinismo compromete nossa liberdade e que, por essa razão, ele é falso. Contudo, a ciência não deve nos dizer se o determinismo é verdadeiro? De qualquer forma, como pode o indeterminismo prover um lugar adequado para o livre-arbítrio? Ações cuidadosamente pensadas e previsíveis dificilmente parecem ser o resultado de acontecimentos indeterminados ou parcialmente aleatórios. Outros sustentam que tanto os compatibilistas quanto os partidários do livre-arbítrio estão errados. A liberdade é incompatível com o determi-nismo e com o indeterminismo, ou seja, o livre-arbítrio é logicamente impossível. Eu não posso ser a "raiz última de todas as minhas determinações" do modo requerido pelo conceito de livre-arbítrio. Atribuições de responsabilidade moral, na medida em que pressupõem o livre-arbítrio, são sem fundamento.

Eu não tenho o poder de agir de outro modo. O mesmo acontece com quaisquer outras ações minhas no futuro que eu suponha livres. A liberdade é uma ilusão.

Portanto, a partir de:

(1) Eu votarei nos liberais no próximo ano; e
(2) em 1800 já era verdadeiro que eu votaria nos liberais no próximo ano;

o fatalista conclui

(3) é inevitável que eu vote nos liberais no próximo ano.

Não são somente ações futuras que não são livres. Podemos percorrer o mesmo raciocínio, modificando as flexões verbo-temporais, para mostrar que nenhuma das minhas ações passadas tampouco foram livres. Assim:

(1*) Eu votei nos liberais no último ano; e
(2*) em 1800 já era verdadeiro que eu votaria nos liberais no próximo ano;

a partir das quais o fatalista conclui

(3*) era inevitável que eu votaria nos liberais no próximo ano.

O mesmo acontece com qualquer outra ação minha passada que eu pensei ter sido livremente executada. Daí o fatalista conclui, generalizando a partir do meu caso para outros casos, que nenhuma ação de nenhum agente jamais é livre.

Essa conclusão é ultrajante. Como poderíamos resistir a ela? David Lewis ofereceu o seguinte diagnóstico:

> Fatalistas – os melhores dentre eles – são filósofos que tomam fatos que nós consideramos como irrelevantes para a explicação do que uma pessoa pode fazer, os disfarçam de algum modo como fatos de um tipo diferente que consideramos como relevantes e, a partir disso, argumentam que nós podemos fazer menos do que pensamos – de fato, que não há absolutamente nada que não façamos a não ser poder. (...) [Um fato tal como (2)] (...) é um fato irrelevante acerca do futuro disfarçado como um fato relevante acerca do passado e, portanto, deveria ser desconsiderado na explicação do que, em qualquer sentido comum, eu posso fazer.[1]

Para determinar o que uma pessoa pode fazer agora, os fatos do passado são relevantes. Portanto, se eu posso agora nadar é algo determinado por fatos passados, tal como o fato de eu haver tido aulas de natação. Assim, o fato passado:

(4) Eu nunca tive aulas de natação

é um determinante do valor de verdade de:

(5) Eu posso nadar agora.

A verdade de (4) explica a falsidade de (5). O enunciado (4) é um fato que se refere inteiramente ao passado; o enunciado (5) é um fato que se refere ao presente. O fatalista vê a relação entre (2) e (1) como análoga à relação entre (4) e (5). Para ele, do mesmo modo que o fato passado de que eu nunca tive aulas de natação explica que e por que eu não posso nadar agora, o fato passado de que em 1800 era verdadeiro que eu votaria nos liberais no próximo ano explica que e por que eu não posso senão votar nos liberais no próximo ano. Mas é nisso, de acordo com Lewis, que consiste o erro do fatalista: (2) assemelha-se a um fato do passado, porém não o é. Ele é, na verdade, um fato acerca do próximo ano disfarçado de modo a parecer um fato de 1800.

O argumento de Lewis é plausível. Não pensamos que (2) seja um fato que se reporta ao ano de 1800 assim como, por exemplo:

(6) em 1800 a população de Londres era maior do que 1 milhão

reporta-se ao ano de 1800. Entretanto, podemos sentir que algo mais precisa ser dito. Visto que Lewis não está disputando a verdade de (1) e de (2), por que exatamente não estamos autorizados a inferir (3)? O que dizer se o fatalista responde que, para ele, (2) é relevante para a determinação de (1), e que (1) e (2) implicam (3)? Como responderíamos então?

Alguns estudiosos destacaram que o fatalista faz uma suposição peculiar sobre a direção da dependência entre (1) e (2).[2] Para inferir (3) de (1) e (2), o fatalista deve supor que o fato de eu vir a votar nos liberais no próximo ano *depende do* fato de que em 1800 já era verdadeiro que eu votaria nos liberais no próximo ano. Todavia, intuitivamente, a direção da dependência é precisamente a oposta: ser verdadeiro em 1800 que eu votaria nos liberais no próximo ano depende do fato de que eu votarei nos liberais no próximo ano. É claro, se (2) depende de (1), parece como se um fato passado dependesse de um fato futuro. É aqui que o argumento de Lewis é relevante: (2) não é realmente um fato passado, mas um fato futuro disfarçado. Uma vez que compreendemos que (2) depende de (1), e não ao contrário, e que (2) não é um fato acerca do passado, não há nenhuma razão para pensar que (1) e (2) implicam (3). Podemos, então, felizmente, considerar o argumento (1)-(3) do fatalista como inválido.

UM ARGUMENTO FATALISTA MAIS SOFISTICADO

O fatalista poderia apresentar o seu argumento de uma forma mais sofisticada? Consideremos a discussão que Michael Dummett apresenta do fatalismo em "Bringing About The Past". Escreve ele:

A forma padrão do argumento do fatalista era muito popular em Londres durante o bombardeio. A sirene tocava, e eu corria para o abrigo anti-aéreo para evitar ser morto por uma bomba. O fatalista argumenta 'Ou você vai ser morto por uma bomba ou não vai. Se vai, então qualquer precaução que você tome será sem efeito. Se não vai, todas as precauções que você tomar serão supérfluas. Por isso, não faz sentido tomar precauções'.[3]

Dummett discute esse argumento por ter observado que o principal argumento contra a racionalidade de tentar causar o passado, por exemplo, pela prece retrospectiva, é exatamente similar ao argumento fatalista, exceto, é claro, pela reversão do tempo. Assim, em resposta a um pai (não ciente do destino do seu filho) que reza hoje para ajudar a causar a salvação de seu filho de um afogamento ontem, Dummett imagina o seguinte:

> Ou seu filho se afogou, ou não. Se ele se afogou, então certamente sua prece não será (não pode ser) atendida. Se ele não se afogou, sua prece é supérflua. Assim, em ambos os casos, sua prece é fora de propósito: ela não pode fazer nenhuma *diferença* em relação a ele ter se afogado ou não.[4]

A idéia de Dummett é que, como não aceitamos o argumento do fatalista, também não deveríamos aceitar esse argumento, permitindo-nos pelo menos dar sentido à idéia de fazer algo agora a fim de que algo mais deva ter acontecido anteriormente (pelo menos quando não se sabe se o evento anterior ocorreu).

É claro, poderia ser objetado que os dois argumentos não são análogos precisamente em virtude da diferença no tempo. Se o passado é real, o argumento contra a prece retrospesctiva é válido. Se o futuro é irreal, o argumento do fatalista é inválido. Podemos chamar essa solução de a "solução aristotélica".[5]

Para avaliar essa solução, exponhamos primeiramente o argumento fatalista:

(1) Ou você será morto por uma bomba ou você não será morto por uma bomba.
(2) Se você será morto por uma bomba, quaisquer precauções que você tome serão ineficazes.
(3) Se você não será morto por uma bomba, quaisquer precauções que você tome serão supérfluas.

Portanto:

(4) É inútil tomar precauções.

De acordo com a solução aristotélica, enunciados futuros contingentes não possuem valor de verdade. A solução aristotélica pressupõe a irrealidade do futuro: não existe nenhuma realidade que torne os enunciados futuros contingentes verdadeiros ou falsos agora, embora enunciados futuros necessários sejam verdadeiros ou falsos. É natural para o aristotélico caracterizar a irrealidade ou "abertura" do futuro através do modelo de uma árvore. No momento presente, há múltiplos ramos futuros possíveis (consistentes com o modo como as coisas estão agora); à medida que o presente (ou o *agora* em movimento) desliza, ele poda todos os ramos, exceto um.[6] (Ver Capítulo 5.)

O aristotélico pode, então, sustentar que um enunciado acerca do futuro é verdadeiro, se ele é verdadeiro em cada um dos ramos; e falso, se ele é falso em cada um dos ramos; caso contrário, nem falso nem verdadeiro. Assim, um enunciado futuro contingente como "choverá amanhã" não é agora nem falso nem verdadeiro, pois é verdadeiro em alguns ramos e falso em outros. Em contraste, a verdade necessária futura "ou choverá ou não choverá amanhã" é agora verdadeira, pois é verdadeira em todos os ramos, e a falsidade necessária futura "choverá e não choverá" é agora falsa, pois é falsa em todos os ramos. Devemos observar que essa explicação viola a lógica clássica, porque uma disjunção ("ou choverá ou não choverá amanhã") é considerada verdadeira, embora nem um nem outro disjunto seja verdadeiro.

Como a solução aristotélica pode ser crítica em relação ao argumento fatalista? Não o será negando sua primeira premissa. Contudo, embora (1) seja verdadeira, nenhum dos seus disjuntos o é, razão pela qual os antecedentes de (2) e (3) não são verdadeiros. O aristotélico pode então sustentar que **condicionais** com antecedentes que não possuem um valor de verdade são eles próprios falsos (caso em que o argumento fatalista tem duas premissas falsas), ou pode sustentar que o argumento a partir do silogismo disjuntivo (P ou não-P; se P então R; se não-P então R; então R) não é válido se "P" e "não-P" não possuem valor de verdade (caso em que o argumento fatalista é inválido). Portanto, o argumento fatalista é tanto válido quanto inválido. No entanto, segundo a solução aristotélica, não há nenhuma deficiência análoga no argumento contra a prece retrospectiva: "ele se afogou" e "ele não se afogou" são ambos determinados em termo de valor de verdade.

Mas há uma falha mais profunda no argumento do fatalista. Mesmo que os enunciados futuros contingentes tenham um valor de verdade, a premissa (3) não é sequer remotamente plausível. É falacioso argumentar que, se você não será morto, qualquer precaução que você tome será supérflua. Poderia ser o caso de que você não fosse morto precisamente porque você tomou precauções.

Para que seja verdadeiro que precauções são supérfluas, o seguinte **condicional contrafactual** teria de ser verdadeiro: se você não tivesse tomado precauções, você (ainda) poderia não ter sido morto. Porém, a verdade desse contrafactual não se segue meramente a partir da verdade de "você não será morto". O princípio "se P, então, tivesse Q sido o caso, P (ainda) poderia ter sido o caso" (por arbitrário que P e Q sejam) é um princípio obviamente falso. Suponhamos que eu estivesse em um acidente envolvendo carros, mas fosse salvo porque estava usando o cinto de segurança. Seria insensato raciocinar: não morri e, portanto, se não estivesse usando um cinto de segurança, ainda assim eu não teria morrido.

O que se segue de toda verdade P, pelo menos em algumas interpretações do **condicional indicativo**, é: se Q então P. Isto é, "se P então se Q então P" é uma tautologia, supondo que "se . . . então" em português é entendido como o **condicional material**. Segundo essa interpretação dos condicionais indicativos, o seguinte argumento é verdadeiro: se você não será morto, então, se você não tomar nenhuma precaução, você não será morto. Mas isso não implica que as precauções eram supérfluas. Como vimos, a superfluidade requer não a verdade de um condicional indicativo, mas a verdade de um condicional contrafactual, e esse contrafactual não se segue meramente da verdade de "você não será morto".

Conseqüentemente, o argumento em favor de (3) é falacioso, e nós deveríamos simplesmente negar essa premissa. A mera verdade (se verdadeira) de "você não será morto" em nada ajuda a mostrar que toda precaução que você tome seja supérflua. Pela mesma razão, deveríamos rejeitar o argumento anterior contra o despropósito da prece retrospectiva. A premissa "se ele não se afogou, a sua prece é supérflua" está aberta precisamente à objeção há pouco apresentada contra a premissa (3).

Entretanto, podem existir circunstâncias anormais nas quais uma atitude fatalista em relação a sua própria vida pareça justificada. Eis aqui uma fantasia bastante familiar: você está pesquisando na biblioteca um dia e depara-se com um volume de estranha aparência intitulado *Esta é a sua vida*. Ao lê-lo, você compreende que este é realmente o livro da sua vida. Ele contém descrições precisas da sua educação, da sua carreira, da sua aparência, do seu comportamento, até mesmo dos seus pensamentos mais íntimos. Aqui, em branco e preto, estão verdades sobre a sua pessoa que (certamente!) não é possível que alguém mais pudesse saber. O livro parece velho, e a data da sua impressão é bem anterior ao seu nascimento. Você também nota que o livro não pára na época presente; de fato, a época presente representa apenas o meio do caminho. Impaciente, você começa a ler sobre o seu futuro . . .

Não seria natural adotar uma atitude fatalista em relação a sua própria vida nessa circunstância? E isso não acontece porque existem verdades sobre como a sua vida realmente ocorrerá, tal como o fatalista alega? Vimos que o fatalismo é um truque lógico, de forma que a mera existência de verdades sobre a própria vida não pode justificar uma atitude fatalista em relação a ela. No entanto, você pode pensar que o único modo pelo qual o autor do livro poderia *saber* de todas essas verdades sobre você era ser ele também o autor da sua vida, ou seja, ele é o controlador e você é a sua marionete. Nesse caso, uma atitude fatalista é "justificada", visto que nenhuma das suas ações são as suas próprias ações e, portanto, nenhuma delas é livre. Porém, o que justifica essa atitude não é a existência de verdades sobre você, mas sim o fato de que os seus pensamentos e comportamentos são controlados por alguém mais. Conseqüentemente, o fatalismo, tal como é entendido aqui, não é justificado por essa fantasia.

FATALISMO TEOLÓGICO

Há outra versão do fatalismo, muito discutida na Idade Média, que tem origem na suposta tensão entre a onisciência de Deus e o livre-arbítrio humano. Se Deus sabe todas as verdades (passadas, presentes e futuras), então ele sabe o que todo ser humano fará. Como, então, alguma ação humana pode ser livre? Certamente, esse enigma surge apenas em um contexto teológico no qual se supõe que Deus existe e que ele é onisciente. Contudo, nesse contexto, o fatalismo dá origem a algum novo enigma?

A.J. Ayer pensa que não:

> Se o fato de alguém saber o que eu farei amanhã não torna necessário [inevitável] que eu o farei, então o fato de alguém saber o que eu farei, não somente amanhã, mas em todos os dias da minha vida, tampouco torna necessárias essas ações (. . .) Nem faz qualquer diferença se a pessoa a quem o conhecimento prévio é atribuído é considerada humana ou divina (. . .) Todas essas considerações são irrelevantes.[7]

De acordo com Ayer, se o fato de agora ser verdadeiro que eu votarei nos liberais no ano que vem não torna inevitável que eu o farei, então o conhecimento dessa verdade (divino ou de outro tipo) tampouco o torna inevitável. E o quadro não se altera ainda que muitas verdades mais sobre mim sejam conhecidas.

Existem apresentações do fatalismo teológico que podem parecer introduzir uma nova consideração. Steven Cahn escreve:

> Se é verdadeiro que eu realizarei uma ação particular, então, Deus, que sabe todas as verdades, sabe que eu a realizarei. Contudo, se eu pudesse abster-me de realizar essa ação, presumivelmente eu poderia refutar o conhecimento de Deus, o que é impossível. Porém, se eu não posso abster-me dessa ação, ela não é livre.[8]

Mas isso realmente introduz uma nova questão? Poderíamos ter apresentado o mesmo raciocínio em um contexto não-teológico? Por exemplo: "Se é verdadeiro agora que eu realizarei uma certa ação A, então eu realizarei essa ação. No entanto, se eu pudesse abster-me da ação A, presumivel-mente eu poderia mudar o passado, o que é impossível. Contudo, se eu não posso abster-me dela, ela não é livre".

A resposta a esse argumento é que não é verdadeiro que, se eu pudesse abster-me da ação A, eu poderia mudar o passado. Neste mundo, eu realizo a ação A. Em um mundo possível diferente, no qual, em vez de A, eu realizo B, é verdadeiro nesse mundo que eu realizarei B. Esses são dois mundos possíveis que contêm diferentes verdades e diferentes ações. Em nenhum mundo o passado é alterado.

A mesma resposta pode ser elaborada para a versão teológica: não é verdadeiro que, se eu pudesse abster-me da ação A, eu poderia refutar o conhecimento de Deus. Antes, no mundo em que eu realizo B, o conhecimento de Deus é diferente do seu conhecimento neste mundo (visto que os mundos contêm diferentes verdades). No mundo A, Deus sabe que eu realizarei A. No mundo B, Deus sabe que eu realizarei B. Isso não refuta o conhecimento de Deus. Além disso, o argumento teológico faz a suposição fatalista padrão acerca da "direção da dependência" diagnosticada antes. O conhecimento de Deus de que eu realizarei A depende de minha realização livre de A, e não o contrário, como o fatalista teológico supõe.

LIVRE-ARBÍTRIO E DETERMINISMO

O fatalismo não é a única ameaça à ação livre. Desde Thomas Hobbes (1588-1679), os filósofos preocupam-se com o fato de o determinismo ameaçar o livre-arbítrio. Alguns – os compatibilistas (como Hobbes e Hume) – consideram que a tensão é ilusória e sustentam que livre-arbítrio e determinismo são compatíveis. (De fato, alguns compatibilistas afirmam que o livre-arbítrio requer a verdade do determinismo.) Outros – os incompati-bilistas – afirmam que a tensão é bastante real: livre-arbítrio e determinismo são incompatíveis. Entretanto, os incompatibilistas dividem-se em dois campos: os partidários da doutrina do livre-arbítrio, os quais concluem que, como nós somos livres, o determinismo deve ser falso; e os deterministas linha-dura, os quais concluem que, como o determinismo é verdadeiro, nós não temos livre-arbítrio.

Finalmente, há aqueles filósofos (como Galen Strawson) que sustentam que a verdade ou falsidade do determinismo é irrelevante para a questão de saber se nós temos livre-arbítrio. O conceito de livre-arbítrio – seja o livre-arbítrio compatibilista ou o dos partidários do livre-arbítrio – é internamente incoerente, e pode-se mostrar que assim o é mediante razões puramente *a priori*. Portanto, o livre-arbítrio é uma ilusão. Já que a responsabilidade moral pressupõe o livre-arbítrio, ela também é uma ilusão.[9]

THOMAS HOBBES (1588-1679)

Thomas Hobbes é mais conhecido como filósofo político. Em seu livro *Leviatã*, publicado em 1651, argumenta em favor do governo de um soberano absoluto como um bastião contra a desordem civil. Hobbes pretendeu mostrar de que modo a política poderia ser uma ciência. Sua concepção da natureza da matéria era o fundamento para a sua teoria da psicologia humana, a qual, por sua vez, forneceu o fundamento para a sua teoria da política. Para Hobbes, todo o universo, incluindo o pensamento e o comportamento humanos, são somente matéria em movimento. Toda causação é mecânica e necessária: tudo se torna necessário pelo que ocorreu antes. Contudo, Hobbes sustentava que sua concepção mecanicista do universo é consistente com a existência de Deus (concebido como um ser material), com estados mentais conscientes (também concebidos como físicos) e com a liberdade humana. Hobbes foi, assim, um dos primeiros compatibilistas: "Liberdade e Necessidade são consistentes", escreveu ele, "as ações que os homens voluntariamente praticam (...) procedem da liberdade, e porque todo ato da vontade humana (...) procede de alguma causa, e esta de outra causa, em uma cadeia contínua, tais ações voluntárias procedem da necessidade" (*Leviatã*).

O ARGUMENTO EM FAVOR DO INCOMPATIBILISMO

A fim de apreciar o argumento em defesa do incompatibilismo, precisamos primeiramente caracterizar o determinismo. Determinismo é a tese segundo a qual, dadas as **leis da natureza** e o estado do universo em qualquer tempo passado t, é fisicamente impossível para a história do universo (antes e depois de t) ser diferente do que é. Outro modo de formular o determinismo é defini-lo em termos de causação. Ele pode ser apresentado como a tese de que todo evento tem uma causa, onde causas são entendidas como tornando necessários ou determinando os seus efeitos.

Tanto as regularidades que observamos ao nosso redor quanto o surgimento da ciência newtoniana reforçam a crença no determinismo. No entanto, a tese do determinismo não é uma verdade lógica. Se verdadeira, ela é uma verdade empírica, contingente. Ainda assim, o determinismo é uma tese que poderia ser criticada em bases filosóficas. Por exemplo, se aceitamos uma teoria da causação como regularidade (do tipo associado a Hume), teremos uma razão para negar que as causas tornam necessários os seus efeitos. Porém, como vimos no Capítulo 4, a teoria da regularidade está aberta a objeções.

É claro, muitos pensam que considerações envolvendo a mecânica quântica revelam que o nosso universo não é tal como o define o determinismo. Contudo, não está claro de que modo ocorrências indeterminadas ou parcialmente aleatórias em nível subatômico são relevantes para o livre-arbítrio. Se a ação de um agente é o resultado de um processo que inclui indeterminação, como podemos explicar por que esse agente realizou essa ação em vez de uma outra ação alternativa? Como pode um agente ser moralmente responsável por uma ação que resultou de um processo que envolve indeterminação (sobre o qual ele não pode ter nenhum controle)? Por que tal agente não é meramente um sujeito com sorte, se ele faz a coisa certa? Essas questões geram problemas significativos para as concepções libertárias do livre-arbítrio.

Contudo, mesmo que em nível subatômico o determinismo não se sustente, no macronível ele pode representar uma ameaça para a ação livre, de forma que o argumento em defesa do incompatibilismo ainda precisa ser examinado. Por que se pensa que o livre-arbítrio é incompatível com o determinismo? Suponhamos que o determinismo seja verdadeiro e que eu realize livremente a ação A (digamos, acene com o meu braço em saudação). Para o incompatibilista, se a ação A é livre, eu poderia ter-me abstido de realizá-la. Eu poderia ter agido de outro modo. Porém, de acordo com o determinismo, dadas as leis da natureza e o estado do universo em qualquer tempo anterior à minha realização de A, o futuro do universo não poderia ter sido outro senão o que realmente é. Assim, eu não poderia ter-me abstido de realizar A. Nesse caso, eu não realizei A livremente; e o mesmo se aplica a qualquer ação de qualquer outra pessoa no universo.

Aqui estão duas respostas freqüentemente dirigidas a esse argumento incompatibilista. Primeiro, às vezes se considera que o argumento funciona apenas com base na suposição de que pessoas e seus estados mentais são puramente físicos. Entretanto, isso não é assim. A maior parte das ações, tais como acenar com o braço, envolvem movimento de matéria, e tal movimento é governado por leis deterministas. Portanto, mesmo que as pessoas e os seus estados mentais fossem não-físicos, e mesmo que o não-físico ficasse fora do escopo do determinismo, meu braço não poderia ter estado em nenhuma outra posição espaço-temporal senão na sua posição atual quando eu o movi em saudação. Todavia, eu não poderia ter-me abstido de mover meu braço, mesmo que as causas mentais do movimento do meu braço fossem não-físicas.

Segundo, alguns filósofos pensaram que as ações humanas não são governadas por leis causais, mas pertencem a uma esfera diferente. As ações humanas, diferentemente de meros movimentos corporais, são explicadas por razões, e razões não são causas. Operamos com dois modelos explicativos: o movimento da matéria é explicado por meio da lei causal, porém a ação humana é explicada pela atribuição de razões. Nesse caso, a verdade ou falsidade do determinismo é irrelevante para a existência e a compreensão da ação humana livre.

Contudo, é discutível a alegação segundo a qual razões não são causas. Minha intenção de saudar alguém não foi (a razão) a causa do meu aceno? No entanto, existe um problema mais básico com essa resposta – o mesmo problema que acomete a resposta anterior. Ainda que as ações e os movimentos corporais humanos pertençam a diferentes categorias lógicas, eles estão conectados: a maior parte das ações humanas, como acenar, envolvem movimentos corporais. Desse modo, toda limitação determinista do movimento corporal será igualmente limitação da ação humana. Portanto, nenhum dos modelos – nem o que pressupõe que "estados mentais são não-físicos", nem o que pressupõe que "razões não são causas" – produziu uma resposta convincente ao argumento incompatibilista.

UMA RESPOSTA COMPATIBILISTA

Em que ponto, então, os compatibilistas pensam que o argumento do incompatibilista está errado? A resposta compatibilista padrão é negar que exista qualquer incompatibilidade entre livre-arbítrio e determinismo. O livre-arbítrio deve ser contrastado, não com a causação universal ou com o determinismo, mas com *restrições* de vários tipos bem conhecidos. Ao dizer isso, os incompatibilistas pretendem que sua concepção seja justificada por fatos acerca do uso comum das palavras "livre" e "não-livre". Dizemos que um homem não é livre apenas quando alguém põe uma arma em sua cabeça, ou o encarcera, ou coisa parecida. É a presença dessas restrições específicas que priva um homem de sua liberdade, e não o fato da causação universal.

No entanto, há duas razões para a insatisfação com essa resposta. Primeiro, o uso comum não é inteiramente do modo como o compatibilista considera que ele seja. Se alguém põe uma arma em minha cabeça, e, em resposta, eu abro o cofre, minha ação ainda é livre. Eu poderia escolher não ceder aos desejos do assaltante (por mais imprudente que pudesse ser). A tentação de descrever isso como um caso de ação não-livre pode derivar de uma confusão entre livre-arbítrio e responsabilidade moral. Eu certamente não seria considerado moralmente responsável pelo roubo do dinheiro nas circunstâncias descritas, mas isso não significa que minha ação teria sido não-livre. Essa não é uma objeção devastadora ao compatibilismo, mas ela mostra que os casos de restrição com os quais a ação livre deveria ser contrastada são aqueles nos quais alguém está literalmente privado do poder de escolha ou de ação (por exemplo, coerção física, cleptomania, "agir" sob hipnose, etc.).

Segundo, e mais importante, o compatibilista está tentando fazer uma distinção no interior da esfera das causas entre aquelas que são compatíveis com o livre-arbítrio (causas determinantes) e as que são incompatíveis com o mesmo (causas restritivas). Mas essa não é uma distinção arbitrária? Um agente sujeito a ambos os tipos de causa não poderia ter agido de outra maneira? Então, por que as causas determinantes são consistentes com a ação livre, enquanto as restritivas não o são?

Um experimento de pensamento imaginado por Harry Frankfurt pode fornecer uma resposta mais apropriada ao argumento incompatibilista e, ao fazê-lo, apontar na direção de uma concepção diferente (compatibilista) do livre-arbítrio.[10] Eis uma versão simples do experimento de pensamento de Frankfurt. Vamos supor que Smith planeja roubar o banco local, espera até o momento apropriado e executa o seu plano pontualmente. De acordo com o curso atual dos acontecimentos, esse parece ser um assalto como qualquer outro, exceto por um detalhe. Sem o conhecimento de Smith, um demônio maligno que adora assaltos monitorou o seu cérebro e estava preparado para intervir se Smith mostrasse qualquer hesitação quanto a cometer o assalto. Se ele tentasse mudar sua intenção, seria incapaz de fazê-lo. Do modo como transcorre o assalto, Smith deseja muito o dinheiro e em nenhum momento muda sua intenção, de maneira que o demônio em nenhum momento intervém no curso atual da vida de Smith.

Temos uma forte intuição de que a ação de Smith de assaltar um banco foi livre, e outra de que ele foi completa e moralmente responsável. O planejamento e a execução do assalto foram inteiramente idéia de Smith. O demônio não causou nenhuma ação de Smith. Ainda assim, ele não poderia ter agido de outra maneira: com relação ao assalto, ele não poderia ter escolhido ou agido diferentemente. Isso não mostra que o livre-arbítrio não requer a capacidade de agir de outra maneira? Nesse caso, o compatibilista tem então uma reposta ao argumento incompatibilista. Livre-arbítrio e determinismo não se mostraram incompatíveis, visto que o livre-arbítrio não requer a capacidade de agir de outra maneira. Antes, o livre-arbítrio requer somente que nós ajamos segundo nossas próprias crenças e nossos desejos.[11]

A NOÇÃO DE LIVRE-ARBÍTRIO É INCOERENTE?

Entretanto, o exemplo de Frankfurt não implica que o compatibilismo seja verdadeiro. Mesmo que o determinismo não represente nenhuma ameaça ao livre-arbítrio, ambos serão incompatíveis se o livre-arbítrio for impossível.[12] Galen Strawson recentemente sustentou que a noção de livre-arbítrio é incoerente.[13] Livre-arbítrio e responsabilidade moral requerem uma concepção de autodeterminação que é logicamente impossível de satisfazer. J.G. Fichte (1762-1814) apreendeu perfeitamente essa paradoxal noção de autodeterminação:

> O que eu desejei foi isto: que eu próprio, este do qual eu sou consciente como meu próprio ser e pessoa, (. . .) que este "eu" fosse independente, fosse algo que existe não por meio de outro ou através de outro, mas por mim mesmo, e, como tal, seria o fundamento último de todas as minhas determinações.[14]

Por que pensar que a autodeterminação é impossível? A idéia de Strawson é que a autodeterminação requer que você seja moral e fundamentalmente responsável pelo que você faz. Para tanto, você deve ser fundamentalmente responsável pelo que você é em alguns aspectos mentais (por exemplo, caráter). Porém, é impossível ser fundamentalmente responsável pelo modo como você é em aspectos mentais (ou em qualquer outro aspecto), pois isso requereria que você intencionalmente causasse a própria posse de uma certa natureza mental. E isso, por sua vez, requereria que você tivesse uma natureza mental anterior que você intencionalmente causou, a qual, por sua vez, requereria uma natureza mental anterior que (. . .) e assim por diante, *ad infinitum*. Portanto, sob pena de um regresso infinito, é impossível ser fundamentalmente responsável pelo modo como você é em qualquer aspecto mental e, por isso, é impossível ser fundamentalmente responsável pelo que você faz. Na ausência dessa responsabilidade, não pode existir autodeterminação e, portanto, nenhuma liberdade.[15]

Esse é um argumento desafiante. Ele será um argumento válido se uma noção adequada de livre-arbítrio ou responsabilidade moral, de fato, deve ter esse caráter de autodeterminação ou autocriação. O desafio, por isso, para um defensor do livre-arbítrio, é produzir uma noção de livre-arbítrio que, não requerendo autodeterminação completa, fundamente, contudo, a responsabilidade moral. Esse pode não ser um desafio fácil de enfrentar.

GALEN STRAWSON (1952-presente)

Galen Strawson, filho do falecido filósofo de Oxford P.F. Strawson, é atualmente professor de filosofia na City University of New York Graduate School. Ele foi educado em Cambridge, Oxford e Sorbonne e lecionou anteriormente em Oxford e Reading. Pensador criativo, rigoroso e independente, Strawson produziu três importantes livros até agora. Em 1986, publicou *Freedom and Belief*, no qual afirma que livre-arbítrio e responsabilidade moral última são noções incoerentes. O livre-arbítrio é uma ilusão. Em 1989, publicou *The Secret Connection*, em que sustenta que Hume não defendeu uma teoria da causação em termos de regularidade, nem acreditou na necessidade natural. Em 1995, publicou *Mental Reality* e afirmou aí que a experiência consciente é a marca distintiva do mental e que não existe nenhuma conexão conceitual entre a posse de estados mentais por um sujeito e o seu comportamento ou as suas disposições ao comportamento. Ele chamou essa concepção de um "cartesianismo naturalizado". Em todos os três trabalhos, Strawson argumentou engenhosamente contra as ortodoxias estabelecidas.

OBSERVAÇÕES FINAIS

Examinamos os dois ataques mais conhecidos ao livre-arbítrio: fatalismo e determinismo. Os argumentos do fatalista foram expostos como sofismas. Eles nada fazem para mostrar que é inevitável ou predestinado que nós façamos o que fazemos. O argumento incompatibilista clássico (que tenta mostrar que livre-arbítrio e determinismo são incompatíveis) também foi julgado insatisfatório. A maior ameaça ao livre-arbítrio deriva da afirmação de Galen Strawson segundo a qual nossas noções de livre-arbítrio e de responsabilidade moral última são logicamente impossíveis de satisfazer.

QUESTÕES PARA ESTUDO

- Apresente resumidamente os dois argumentos fatalistas criticados neste capítulo. Ambos podem ser aperfeiçoados?
- Se rejeitamos os argumentos fatalistas, devemos também aceitar que, às vezes, pode ser racional tentar causar o passado?
- O argumento do fatalista teológico é curiosamente diferente do argumento do seu condiscípulo não-teológico?
- Como você defenderia a concepção segundo a qual os seres humanos têm livre-arbítrio?

- Poderíamos justificar nossas práticas morais e sociais (agradecer, censurar, punir, etc.) sem apelar para a noção (alegadamente) incoerente de responsabilidade moral última?

LEITURAS RECOMENDADAS

A. J. Ayer, "Fatalism", em seu *The Concept of a Person*. London: Macmillan, 1963. Uma crítica clara e coerente do fatalismo padrão e teológico.

A. J. Ayer, "Freedom and Necessity", eu seu *Philosophical Essays*. London: Macmillan, 1965. Uma defesa moderna do compatibilismo acerca do livre-arbítrio.

R.Clarke, *Libertarian Accounts of Free Will*. Oxford: Oxford University Press, 2003. Um panorama completo das tentativas libertárias de entender o livre-arbítrio.

M.Dummett, "Bringing about the Past", em seu *Truth and Other Enigmas*. Cambridge, Mass.: Harvard Universty Press, 1978. Uma discussão clássica, porém difícil, sobre a questão de saber se em qualquer caso é racional tentar afetar o passado. A discussão apresenta, *en route*, uma comparação com e um diagnóstico do argumento fatalista.

G. Strawson, *Freedom and Belief*. Oxford: Clarendon Press, 1986. Uma defesa clara e acessível da concepção radical de que o livre-arbítrio e a responsabilidade moral última são ilusões.

P. van Inwagen, *An Essay on Free Will*. Oxford: Clarendon Press, 1983. Uma defesa clara e completa do incompatibilismo, com uma proveitosa discussão do fatalismo.

G. Watson, *Free Will*. Oxford: Oxford University Press, 2003. Uma coleção útil que inclui os melhores trabalhos escritos sobre o livre-arbítrio na segunda metade do século XX.

RECURSOS NA INTERNET

E. Craig (1998) "Fatalism", in E. Craig (ed.), *Routledge Encyclopedia of Philosophy*. Disponível em: <http://www.rep.routledge.com.article/N096>. Acesso em: 31 maio 2006.

M. McKenna (2004) "Compatibilism", *The Stanford Encyclopedia of Philosophy (Edição Verão 2004)*, Edward N. Zalta (ed.). Disponível em: <http://plato.stanford.edu/archives/sum2004/entries/compatibilism>. Acesso em: 31 maio 2006.

T. O'Connor (2005) "Free Will", *The Stanford Encyclopedia of Philosophy (Edição Verão 2005)*, Edward N. Zalta (ed.). Disponível em: <http://plato.stanford.edu/archives/sum2005/entries/freewill>. Acesso em: 31 maio 2006.

H. Rice (2002) "Fatalism", *The Stanford Encyclopedia of Philosophy (Edição Inverno 2002)*, Edward N. Zalta (ed.). Disponível em: <http://plato.stanford.edu/archives/win2002/entries/fatalism>. Acesso em: 31 maio 2006.

G. Strawson (1998, 2004) "Free Will", in E. Craig (ed.), *Routledge Encyclopedia of Philosophy*. Disponível em: <http://www.rep.routledge.com/article/V014>. Acesso em: 31 maio 2006.

L. Zagzebski (2005) "Foreknowledge and Free Will", *The Stanford Encyclopedia of Philosophy (Edição Outono 2005)*, Edward N. Zalta (ed.). Disponível em: <http://plato.stanford.edu/archives/fall2005/entries/free-will-foreknowledge>. Acesso em: 31 maio 2006.

8

Identidade pessoal

INTRODUÇÃO

O que é uma pessoa? Somos pessoas em todos os momentos que existimos? O que é para mesma pessoa persistir através do tempo? A identidade pessoal é uma relação importante? Essas são as questões-chave que serão abordadas neste capítulo.

Ao formularmos questões sobre a identidade pessoal, nós queremos empregar o termo "identidade" no sentido de identidade numérica estrita, como determinado pela **Lei de Leibniz** (ou seja, A é considerado idêntico a B somente se tudo o que é verdadeiro de A é verdadeiro de B, e *vice-versa*). Não estamos preocupados com identidade no sentido qualitativo, como quando falamos de "gêmeos idênticos". Numericamente, os gêmeos são duas pessoas, não uma.

Note-se também que, ao questionar o que significa para uma pessoa persistir através do tempo, estamos formulando uma questão essencial, e não uma questão evidencial. Estamos perguntando o que é para a pessoa A no tempo t1 ser a mesma pessoa que a pessoa B no tempo t2 e esperamos por uma resposta informativa para essa questão. Não estamos perguntando por que acreditamos que A e B são o mesmo, ou em qual evidência geralmente nos baseamos para obter juízos sobre identidade pessoal. Tal evidência (por exemplo, aparência física, voz, impressões digitais, etc.) nunca é uma garantia lógica da identidade pessoal. (É possível que alguém pudesse copiar minhas impressões digitais, mas isso não a tornaria a mesma pessoa que eu.) Estamos procurando uma condição que, se satisfeita, garante logicamente a identidade e, se não satisfeita, garante a não-identidade. Embora separadas, questões essenciais e evidenciais não estão desconectadas: idealmente, uma resposta à questão essencial deveria harmonizar-se com os modos incontroversos por meio dos quais identificamos quem é quem nos casos comuns.

CRITÉRIO DE IDENTIDADE

Um critério de identidade para Fs nos diz em que consiste a identidade de Fs através do tempo e, portanto, a quais mudanças um F pode sobreviver e quais mudanças destroem um F. Supõe-se que o critério de identidade para Fs não pressuporá a noção de identidade-de-F. Critérios de identidade são, assim, normalmente concebidos como redutivos em caráter. Alguns pensam que o critério de identidade de artefatos, tais como *chips,* é a continuidade espaço-temporal: um *chip* no t1 é idêntico a um *chip* no t2 se e somente se o *chip* anterior é espaço-temporalmente contínuo (traça um caminho contínuo através do espaço e do tempo) com o *chip* posterior. O critério é redutivo – a continuidade espaço-temporal não pressupõe a identidade-de-*chip* – e mostra-nos a quais mudanças um *chip* pode sobreviver (mudanças ainda por especificar, as quais não interrompem sua continuidade espaço-temporal). Embora o critério possa estar aberto à objeção – pode um *chip* não sobreviver à descontinuidade (por exemplo, desmontagem e remontagem)? – a intenção subjacente é suficientemente clara. Existe um critério de identidade para pessoas? Muitos dizem "sim", mas defensores de uma concepção simples pensam que não: para eles, a identidade é primitiva ou básica. As pessoas são especiais precisamente porque lhes faltam critérios de identidade.

TEORIAS DA IDENTIDADE PESSOAL

Há muitas teorias da identidade pessoal através do tempo. Elas podem ser proveitosamente divididas em duas categorias: a teoria simples e (várias versões da) a teoria complexa. De acordo com a teoria simples, endossada por Joseph Butler, Thomas Reid e, mais recentemente, Richard Swinburne, uma resposta não-substancial, informativa, à questão fundamental é possível.[1] Identidade pessoal é uma noção primitiva e não-analisável. Podemos dizer, em outros termos, o que significa para a mesma pessoa persistir através do tempo. A teoria simples talvez pareça desagradável, mas pode ter a sua razão de ser.

De acordo com a teoria complexa, endossada pela maioria dos filósofos contemporâneos, a identidade pessoal é suscetível de análise posterior, geralmente em termos de continuidades de um tipo ou outro. Algumas versões da teoria complexa analisam a identidade pessoal em termos de continuidade psicológica, enquanto outras versões apelam para continuidades físicas, tais como a existência continuada do corpo ou do cérebro.

Uma outra distinção pode ser feita entre aquelas versões da teoria complexa que oferecem uma análise **redutiva** da identidade pessoal e aquelas que oferecem somente uma análise não-redutiva. Uma análise da identidade pessoal é redutiva se o fato da existência e da identidade continuada de uma pessoa pode ser entendido sem referência ao conceito de pessoa. Derek Parfit é o defensor mais conhecido do reducionismo em relação ao conceito de pessoa. Ele pensa que a realidade pode ser completamente descrita em termos impessoais. Tanto quanto uma teoria radical acerca da natureza da identidade pessoal, Parfit também tem uma teoria radical acerca da sua importância.

JOSEPH BUTLER (1692-1752)

Joseph Butler nasceu em Wantage, Inglaterra, e foi educado no Oriel College, Oxford, onde estudou as idéias de Locke e Shaftesbury. Ele se correspondia com o filósofo e teólogo inglês Samuel Clarke e seguiu carreira na Igreja Anglicana, eventualmente sendo nomeado Bispo de Durham. Suas principais obras são *Quinze sermões* (1726) e *Analogia da religião* (1736). No primeiro trabalho, Butler criticou Shaftesbury por deixar a consciência fora de sua explicação da moralidade e ofereceu uma refutação do hedonismo ou egoísmo psicológico. No segundo, afirmou que é razoável aceitar argumentos em favor da religião natural ou deísmo (isto é, sistemas de pensamento que tentam estabelecer a existência de Deus com base em critérios racionais, independentemente de qualquer revelação).

DEREK PARFIT (1942-Presente)

Educado no Eton e no Balliol College, Oxford, Parfit foi eleito como Prize Fellow no All Souls College, Oxford, em 1967. Ele permaneceu aí desde então, mas regularmente visita as universidades de Harvard e Nova York. Parfit publicou vários artigos que posteriormente se tornaram referência, começando por "Identidade pessoal" (1971), mas seu trabalho mais significativo até o presente é seu livro *Razões e pessoas* (1984). Boa parte dessa rica e engenhosa obra é devotada a minar a teoria da racionalidade como interesse próprio. Parfit oferece muitos argumentos contra essa teoria, concluindo que pode não ser nada racional, por exemplo, pretender beneficiar os outros à sua própria expensa ou pretender fazer algum avanço intelectual. As teorias da identidade pessoal de Parfit também minam a teoria do interesse próprio. Se, como ele afirma, a identidade não é o que importa, então a teoria do interesse próprio perde toda a sua força. Na parte final do seu livro, Parfit discute enigmas e paradoxos que se originam da nossa capacidade

> de afetar tanto a identidade quanto a qualidade de vida de futuras gerações. Precisamos de uma nova teoria do benefício que permita elaborar uma explicação satisfatória dessas questões, mas Parfit admite que ele ainda não encontrou tal teoria.

Parfit sustenta que a identidade pessoal é sem importância – a identidade não é o que importa – e considera que isso tem implicações significativas para a racionalidade e a modalidade.[2]

O QUE É UMA PESSOA?

Uma pessoa é um ser mental, mas nem todos os seres mentais são pessoas: meu gato não é. Uma pessoa é um certo tipo de ser mental: autoconsciente. É difícil melhorar a definição de Locke, a qual também serve para elucidar a noção de autoconsciência. De acordo com Locke, uma pessoa é "um ser pensante, inteligente, que tem razão e reflexão e que pode considerar a si mesmo como ele próprio, a mesma coisa pensante, em diferentes tempos e lugares".[3] Uma pessoa é, portanto, um ser que possui alguma sofisticação psicológica, capaz de se engajar em pensamentos temporais e contrafactuais a si atribuídos na primeira pessoa (pensamentos como "Eu almoçarei no Tetsuya hoje", "Eu fui ao cinema na semana passada", "Eu poderia ter jantado no Oriental à noite passada, mas escolhi não fazê-lo", etc.).

Essa definição tem como conseqüência necessária que seres humanos adultos típicos são pessoas e também torna claro por que valorizamos mais pessoas do que não-pessoas, pois a vida de um ser autoconsciente tem mais valor do que a de um ser que não é autoconsciente (o que não quer dizer que a vida de seres que não são autoconscientes não tem nenhum valor). Contudo, é bom que se diga que a definição, embora verdadeira quanto a isso, não nos diz a qual categoria ontológica, ou categoria de ser, as pessoas pertencem. Pessoas são almas imateriais, seres humanos, corpos, cérebros ou feixes de percepções?

Descartes pensava que cada um de nós tem uma alma imaterial que sobrevive à morte do corpo.[4] Hume pensava que as pessoas não são substâncias, mas feixes de percepções, e comparou o eu a uma república. Escreveu ele: "Eu não posso comparar a alma a alguma coisa mais propriamente do que a uma república ou comunidade, na qual os diversos membros estão unidos pelos laços recíprocos de governo e subordinação e geram outras pessoas que propagam a mesma república nas incessantes mudanças de suas partes".[5]

Parfit fez muito uso dessa analogia. Exatamente como os constituintes de uma república (seus cidadãos e território) podem ser entendidos sem referência ao conceito de uma república, assim também os constituintes do eu ou da pessoa (pensamentos e experiências) podem ser entendidos sem referência ao conceito de pessoa. A analogia de Hume fornece, portanto, o modelo para o reducionismo de Parfit no que diz respeito a pessoas.

Ainda conforme outras teorias, devemos ser identificados com os nossos corpos, ou com nossos cérebros, ou com seres humanos (se seres humanos são diferentes de corpos humanos). Há, portanto, uma ampla variedade de teorias quanto a quais entidades são as portadoras de autoconsciência.

Embora sejamos pessoas, não se deveria pressupor o princípio segundo o qual somos essencialmente pessoas, ou que "pessoa" é, na terminologia de David Wiggins, uma substância categorial, em vez de um aspecto categorial.[6] De fato, de acordo com uma teoria recente, o animalismo, mesmo que pessoas não-animais (por exemplo, biônicos ou imateriais) sejam possíveis, nós somos essencialmente animais (seres humanos), mas não essencialmente pessoas.[7] Segundo essa teoria, eu sou idêntico ao ser humano que está dentro dos meus sapatos. Visto que um animal pode existir em um estado vegetativo permanente, irrecuperavelmente destituído de mentalidade, eu posso existir em tal estado, embora nenhuma pessoa possa existir nesse estado. Nesse caso, eu posso existir, mas não como uma pessoa, e, sendo portanto, "pessoa" não é uma substância categorial. Segundo essa teoria, e contrário ao que tradicionalmente é sustentado, a questão da *nossa* identidade não é a mesma questão da identidade *pessoal;* portanto, as questões erradas têm sido, geralmente, formuladas.

Como decidir entre essas teorias sobre a natureza das pessoas? Um certo número de estratégias estão disponíveis. Discussões do dualismo cartesiano ou da teoria humeana do eu dificilmente têm um caráter teórico. Decidir entre as demais teorias depende mais da metodologia dos experimentos de pensamento. Aqui, a *rationale* é simples. Se uma teoria sustenta que pessoas são essencialmente Fs – e nós podemos imaginar um cenário possível no qual uma pessoa continue a existir embora não seja um F –, então, claramente, as pessoas não podem ser idênticas a, ou essencialmente, Fs. Portanto, podemos responder mais apropriadamente à questão "O que é uma pessoa?" respondendo primeiramente à questão "O que significa para a mesma pessoa persistir através do tempo?".

O QUE PERSISTIR SIGNIFICA PARA UMA PESSOA?

Vamos enunciar mais precisamente diversas versões da teoria complexa e ver quais problemas ela enfrenta. Discutiremos, então, a teoria de Parfit, segundo a qual identidade pessoal não é o que importa, e seu reducionismo em relação a pessoas. Finalmente, voltaremos nossa atenção para a teoria simples.

Para começar, eis aqui três versões da teoria complexa, todas elas em conformidade com muitos dos nossos juízos correntes acerca da identidade pessoal através do tempo:

(1) Critério do Corpo: A em t1 é a mesma pessoa que B em t2 se e somente se o corpo de A é o mesmo corpo de B.
(2) Critério do Cérebro: A em t1 é a mesma pessoa que B em t2 se e somente se o cérebro de A é o mesmo cérebro de B.
(3) Critério Psicológico: A em t1 é a mesma pessoa que B em t2 se e somente se A e B são psicologicamente contínuos.

Os critérios de corpo e cérebro são simples e diretos. Supõe-se que a identidade de corpos e cérebros através do tempo é não-problemática, consistindo de continuidade espaço-temporal.[8] Também se supõe que, no sentido de gerar um contraste nítido entre os dois critérios, "corpo" significa "corpo menos cérebro". Embora nomes de pessoas ("A" e "B") apareçam no lado direito desses dois critérios, talvez seja razoável supor que tais ocorrências são elimináveis. O corpo de A, por exemplo, poderia ser especificado simplesmente usando coordenadas espaço-temporais, sem referência a A. Assim, os critérios referentes a corpo e cérebro oferecem análises redutivas da identidade pessoal. Uma relação problemática – identidade pessoal – é reduzida a uma relação não-problemática.

O critério psicológico requer mais explicação. Podemos dizer que A e B são psicologicamente contínuos somente se os estados mentais do último B (isto é, memórias, crenças, caráter, projetos, intenções, desejos de B) são descendentes causais dos estados mentais de A. Assim, B pode lembrar uma experiência vivida por A, B pode agir de modo a realizar uma intenção de A, o senso de humor de B pode ter sido herdado de A, e assim por diante. Quando existem vínculos psicológicos suficientes, ou cadeias sobrepostas de tais vínculos, podemos falar de continuidade psicológica. Continuidade psicológica é uma relação transitiva, embora a conectividade psicológica (os vínculos psicológicos diretos que constinuem a continuidade) seja não-transitiva.[9] Isso implica que eu posso ser psicologicamente contínuo com alguém de quem eu sou psicologicamente muito diferente.

Embora os critérios de corpo e cérebro sejam obviamente análises redutivas da identidade pessoal, é dicutível se o critério psicológico é redutivo. Isso depende de se a noção de continuidade psicológica pode ser completamente entendida sem referência a pessoas. Dores e pensamentos podem ser completamente descritos sem referência ao sujeito que os tem? Conteúdos de memórias e intenções não envolvem essencialmente a referência a uma pessoa (eu lembro que *Eu* saboreei sorvete, *Eu* pretendo tirar férias no mês que vem, etc.)? Essas estão entre as mais profundas questões relacionadas ao tópico da identidade pessoal.

Entretanto, podemos primeiramente perguntar se algum desses critérios é plausível. Eles são respostas à questão essencial e pretendem ser verdades necessárias, verdadeiras para qualquer pessoa em todas as circunstâncias possíveis. Portanto, se existe um mundo possível, não importa quão diferente do mundo atual, onde um lado de um critério é verdadeiro e o outro lado é falso, então, esse critério é falso.

Eis aqui um experimento de pensamento que descreve um cenário logicamente possível e que muitos pensam que refuta o critério do corpo. Sydney Shoemaker foi o primeiro a introduzir esse experimento de pensamento (o qual podemos chamar de "transplante de cérebro") na literatura. Ele escreveu:

> Hoje em dia, é possível transplantar certos órgãos (. . .) é pelo menos concebível (. . .) que um corpo humano possa continuar a funcionar normalmente se seu cérebro for substituído por um cérebro retirado de outro corpo humano. (. . .) Dois homens, um SR. Brown e um SR. Robinson, são operados em função de tumores cerebrais, e as extrações cerebrais são realizadas em ambos. Ao final das operações, no entanto, o assistente, inadvertidamente, coloca o cérebro de Brown na cabeça de Robinson, e o cérebro de Robinson na cabeça de Brown. Um desses homens morre imediatamente, mas o outro, aquele com a cabeça de Robinson e o cérebro de Brown, eventualmente recupera a consciência. Vamos chamar esse último de "Brownson". (. . .) Quando indagado sobre o seu nome, ele automaticamente responde "Brown". Ele reconhece a esposa e a família de Brown. (. . .) E é capaz de descrever com detalhes eventos da vida de "Brown" (. . .) da vida de Robinson ele não evidencia absolutamente nenhum conhecimento.[10]

Quase todo mundo concorda que a melhor descrição desse argumento é que Brown é Brownson. Poucos pensam: Brown morreu e Robinson adquiriu um novo cérebro e uma nova psicologia. Desse modo, podemos considerar que o argumento do "transplante de cérebro" refuta o critério do corpo, bem como o animalismo (a teoria segundo a qual nós somos idênticos a seres humanos), pois Brown não é o mesmo ser humano que Brownson, ainda que ele seja a mesma pessoa.

Que outra moral deveríamos tirar dessa refutação do critério do corpo? Bem, ela aponta para o que as outras duas teorias oferecem. Talvez Brown seja Brownson porque Brownson tem o cérebro de Brown. Ou talvez Brown seja Brownson porque Brownson é psicologicamente contínuo com Brown. Porém, há um outro experimento de pensamento que gera problemas tanto para o critério do cérebro quanto para o critério psicológico: trata-se de a "fissão".

Imagine que meu cérebro seja dividido e que cada um dos hemisférios (equivalentes) seja transplantado em dois corpos (sem cérebro).[11] Depois da operação, duas pessoas despertam – vamos chamá-las pelos nomes próprios "Esquerdinha" e "Direitinha" – cada uma sendo psicologicamente contínua comigo (ambas têm minhas crenças e meu caráter, e ambas parecem recordar o meu passado). Do ponto de vista psicológico, elas são exatamente similares uma à outra ao despertarem, mas começam a se diferenciar depois disso.

Eu considero que a "fissão" representa um cenário logicamente possível; é uma variação do "transplante de cérebro". Como esse experimento de pensamento coloca um problema para o critério do cérebro e para o critério psicológico? O critério psicológico implica que eu sou Esquerdinha e que eu sou Direitinha (visto que eu sou psicologicamente contínuo com ambos). Segue-se, então, pela transitividade da identidade, que Esquerdinha é Direitinha.[12] Porém, isso não pode estar certo. Embora inicialmente muito similares, elas são duas pessoas, e não uma.

FISSÃO

Embora tecnicamente impossível no presente, o seguinte cenário é pelo menos logicamente possível. Cirurgiões dividem meu cérebro em dois e transplantam cada hemisfério em dois corpos sem cérebros. Duas pessoas despertam – Esquerdinha e Direitinha –, e são psicologicamente exatamente como eu. Ambas têm o meu caráter, o senso de humor, as inclinações políticas para a direita, etc., e ambas têm, aparentemente, memórias do meu passado. Alguns filósofos pensaram que casos de fissão dizem-nos algo sobre a natureza da identidade pessoal e sobre a sua importância. Primeiro, já que eu não sou nem Esquerdinha nem Direitinha, mas continuaria a existir mesmo que tivesse havido apenas um sobrevivente, segue-se que a identidade pessoal consiste de alguma continuidade (física ou psicológica) que vigora conforme um modelo um-por-um ou não-ramificado. Segundo, minha relação com Esquerdinha e Direitinha contém tudo o que importa em casos normais de identidade. Como não sou idêntico à Esquerdinha e Direitinha, a identidade não é o que importa. O que importa é ter um continuador psicológico, independentemente de esse continuador ser eu mesmo. Parfit aceita essas duas implicações. Outros aceitam a primeira implicação, mas não a segunda. Defensores da teoria simples rejeitam ambas as implicações.

Poderíamos pensar que não existe nenhum problema análogo em relação ao critério do cérebro. Esse critério não implica que eu sou Esquerdinha ou que eu sou Direitinha, pois nem um nem outro tem o meu cérebro inteiro. Mas o critério do cérebro, se pretende ser plausível, não pode requerer a identidade do cérebro inteiro como uma condição da identidade pessoal. Há relatos de algumas pessoas que realmente sobreviveram com a metade do seu cérebro destruído. Se o hemisfério remanescente da pessoa fosse transplantado para um novo corpo, poderíamos considerar isso como uma continuação da vida dessa pessoa. Assim, para que tenha uma chance de ser verdadeiro, o critério do cérebro deve ser entendido como segue:

> Critério do Cérebro Revisado: A em t1 é a mesma pessoa que B em t2 se e somente se B tem o suficiente do cérebro de A para garantir a continuidade psicológica.

A "fissão" é um problema que se coloca para o critério do cérebro revisado. Esse critério, como o critério psicológico, implica que eu sou Esquerdinha e eu sou Direitinha (pois ambos têm o suficiente do meu cérebro para garantir a continuidade psicológica).

Deveríamos, então, concluir que o critério do cérebro revisado e o critério psicológico são falsos? Isso seria demasiado precipitado. Um bocado de tinta foi gasto defendendo esses critérios contra a presente objeção. Há basicamente dois modos por meio dos quais uma defesa desses critérios pode proceder. Um deles – a resposta da ocupação múltipla – envolve manter os critérios tal como se encontram, alegando, contudo, que o argumento da fissão foi mal descrito. O outro – a resposta da unicidade – envolve modificar os critérios, inserindo uma cláusula na análise. Nenhuma resposta é compatível com o senso comum.

A TEORIA COMPLEXA DEFENDIDA

Podemos começar com a resposta da ocupação múltipla, defendida por Lewis, Noonan e outros.[13] De acordo com essa resposta, minha fissão foi mal descrita. Ela não envolve três pessoas (eu, Esquerdinha e Direitinha), mas somente duas (Esquerdinha e Direitinha). Ambas existem anteriormente à fissão, ocupando o mesmo corpo ("meu" corpo). Depois da fissão, cada uma delas ocupa seu próprio corpo.

Entretanto, não é claro como essa redescrição da fissão ajuda a preservar o critério psicológico (que é o que pretendem Lewis e Noonan). Se ambos, Esquerdinha e Direitinha, existem anteriormente à fissão, não é verdadeiro que Direitinha (antes da fissão) é psicologicamente contínuo com Esquerdinha (depois da fissão) e que Direitinha (antes da fissão) é psicologicamente contínuo com Esquerdinha (depois da fissão)? Nesse caso, o critério psicológico implica que Esquerdinha é Direitinha. Mas a "fissão" foi redescrita para evitar essa conseqüência. Que avanço podemos observar aí?

Segundo, não é preciso assinalar que a explicação com base na ocupação múltipla é metafisicamente perversa. Somos convidados a acreditar que duas pessoas ocupam um único corpo no qual, conforme todos os critérios usuais, existe somente uma pessoa presente. Terceiro, "minhas" declarações pré-fissão de "eu" serão ambíguas entre Esquerdinha e Direitinha. Que condições temos para explicar a aparente unidade dos pensamentos do "eu" associados ao corpo pré-fissão? (Os pensamentos do meu "eu" pré-fissão não se sentem ambíguos.) Como se poderia saber o que está sendo referido de Esquerdinha e de Direitinha por algum uso de "eu"?

Em que consiste a relevância da resposta que reivindica a unicidade? Essa resposta foi endossada por Parfit (em defesa do critério psicológico). Ele escreve:

> Williams atacou o critério psicológico com o seguinte argumento. A identidade é uma relação um-um.* Assim, todo critério de identidade deve apelar para uma relação que seja logicamente um-um. A continuidade psicológica não é uma relação logicamente um-um. Portanto, ela não pode fornecer um critério. Isso é uma reformulação da presente objeção. (...) Alguns escritores responderam que é suficiente se a relação para a qual se apela é sempre de fato um-um.... Eu sugiro uma resposta ligeiramente diferente. A continuidade psicológica é uma base que permite falar de identidade quando ela é uma relação um-um.[14]

Em outras palavras, a sugestão é que deveríamos analisar a identidade pessoal através do tempo em termos de continuidade psicológica **não-ramificada**, uma relação que é, por estipulação, um-um. Sendo assim, deveríamos endossar:

> Critério Psicológico Revisado: A em t1 é a mesma pessoa que B em t2 se e somente se A e B são psicologicamente contínuos e o fluxo de vida mental de A não se ramificou entre t1 e t2.

De acordo com esse critério revisado, visto que ocorreu ramificação no caso da fissão, eu não sou idêntico nem à Esquerdinha nem à Direitinha. Dessa forma, evitamos a conseqüência não-intuitiva segundo a qual Esquerdinha é Direitinha.

---

* N. de T.: No original, *one-one relation*.

Contudo, o critério psicológico revisado tem uma conseqüência contra-intuitiva. (Eu suponho que uma versão do critério do cérebro revisado – a saber, A em t1 é a mesma pessoa que B em t2 se e somente se B tem o suficiente do cérebro de A para garantir a continuidade psicológica e ninguém mais em t2 tem o suficiente do cérebro de A para garantir a continuidade psicológica – também tem essa conseqüência.[15])

De acordo com o critério psicológico revisado, eu não sou nem Esquerdinha nem Direitinha; porém, tivesse uma enfermeira deixado cair e destruído o hemisfério esquerdo durante a operação, determinando, assim, que houvesse apenas um sobrevivente, eu teria então sobrevivido. Se eu não sou nem Esquerdinha nem Direitinha no mundo da fissão, mas sou o sobrevivente no mundo em que há apenas um sobrevivente, então parece que, antes da fissão, eu tenho uma forte razão para subornar a enfermeira para que ela deixe cair um dos hemisférios, determinando, assim, minha sobrevivência. Mas se, por exemplo, eu tenho uma boa razão para pensar que a operação do hemisfério direito será bem-sucedida, eu realmente deveria me preocupar se outra operação, em um outro prédio, é bem-sucedida ou não? Como é possível que isso seja importante para mim? E, no entanto, o é: trata-se da diferença entre vida e morte. Portanto, segundo o critério psicológico revisado, algo que não deve importar realmente importa.

Todavia, Parfit tem uma resposta engenhosa a essa objeção. Para começar, mesmo em seu trabalho mais antigo (1971), ele não é feliz ao descrever a fissão como um caso no qual eu não sou idêntico nem à Esquerdinha nem à Direitinha. Inicialmente, ele pensou que não havia nenhuma boa descrição da fissão em termos de identidade e que, se a fissão ocorreu, "nós precisaríamos (. . .) abandonar a linguagem da identidade".[16] Também argumentou contra a descrição segundo a qual eu não sou nem Esquerdinha nem Direitinha, como segue:

> Nós concordamos que eu sobreviveria se meu cérebro fosse transplantado com sucesso. E pessoas têm, de fato, sobrevivido com metade do seu cérebro destruído. Parece seguir-se que eu sobreviveria se metade do meu cérebro fosse transplantada com sucesso e a outra metade fosse destruída. Mas, se isso é assim, como eu poderia *não* sobreviver se a outra metade fosse transplantada com sucesso? Como poderia um duplo sucesso ser um fracasso?[17]

Na época em que publicou seu livro *Reasons and Persons* (1984), Parfit não estava mais convencido desse argumento e reconhecia que "eu não sou nem Esquerdinha nem Direitinha" é a melhor descrição da fissão. Corretamente, pois o argumento de 1971 não é convincente. Ele joga com uma ambigüidade contida na palavra "sucesso". Em um sentido puramente médico, um procedimento é bem-sucedido se ele ocorre como deveria. Nesse sentido, um duplo sucesso, obviamente, não é um fracasso. Mas se "sucesso" requer a sobrevivência da pessoa original, então um "duplo sucesso" pode, de fato, ser um fracasso. Um sucesso no sentido médico não significa um sucesso no sentido de sobrevivência pessoal.

No entanto, há outra idéia, presente tanto no artigo de 1971 quanto no livro de 1984, que é a seguinte: é absurdo, para mim, considerar a perspectiva da fissão como eu consideraria a morte em geral. A menos que essa idéia seja posta em funcionamento, apenas dizer que eu não sou nem Esquerdinha nem Direitinha seria enganoso. Parfit pensa que a fissão é tão boa quanto a sobrevivência habitual. Minha relação com Esquerdinha e minha relação com Direitinha contém cada uma tudo o que importa na sobreviência habitual. Já que eu não sou idêntico nem a um nem a outro (como agora estamos reconhecendo), segue-se que a identidade não é o que importa. O que importa é a continuidade psicológica e/ou a conectividade.

A tese de que a identidade não é o que importa permite a Partfit responder à nossa objeção ao critério psicológico revisado. Se identidade não importa, eu não tenho nenhuma razão para subornar a enfermeira para que ela deixe cair um dos meus hemisférios. Não tenho nenhuma razão para causar um mundo em que há um sobrevivente preferentemente a um mundo em que há dois sobreviventes, mesmo que eu sobreviva (continue a existir) somente no mundo anterior. Uma vez que eu tenha pelo menos um sobrevivente com o qual sou psicologicamente contínuo, não importa se tenho mais do que um.

A IDENTIDADE IMPORTA?

Certamente, então, Parfit necessita da tese segundo a qual a identidade não é o que importa para refutar a objeção ao critério psicológico revisado. Mas o que exatamente essa tese significa? Há realmente duas teses a considerar: a tese negativa, segundo a qual a identidade não é o que importa, e a tese positiva, segundo a qual a relação de continuidade psicológica e/ou conectividade (que Parfit chama de relação R) é o que importa.[18]

Suponhamos que eu esteja em vias de me dividir amanhã, e eu sei que Direitinha terá dor de dente. Parfit pensa que, em virtude da relação de conectividade de Direitinha comigo, eu devo ter a mesma preocupação com a dor de dente de Direitinha que eu teria se fosse eu a sofrer a dor de dente amanhã. Nesse sentido, portanto, a identidade não importa.

Mas que preocupação tenho eu com Direitinha e comigo ao mesmo tempo? Eu tenho autopreocupação com o futuro e simplesmente não posso ter autopreocupação com o futuro de Direitinha, pois ele não sou eu. Logo, parece que eu não posso ter o mesmo tipo de preocupação com ambos, eu e Direitinha. Parfit responderá que essa é uma questão meramente verbal. Não podemos chamar minha preocupação com Direitinha de "autopreocupação", mas ela é essencialmente o mesmo tipo de preocupação que eu tenho comigo.

Isso pode ser assim somente se *autopreocupação* for um conceito composto formado a partir dos componentes (supostamente) mais básicos *identidade* e *preocupação*, em que esse último conceito não pressupõe identidade e é o tipo de preocupação que eu tenho com qualquer um com quem eu esteja na relação R. Nesse sentido, podemos considerar a autopreocupação que eu tenho comigo e a preocupação que eu tenho com Direitinha como essencialmente a mesma, diferindo apenas em sua descrição verbal.

A questão crucial e atualmente sem solução é a de saber se *autopreocupação* é um conceito unitário, não-redutível a conceitos mais básicos, ou se é um conceito composto, formado precisamente a partir de tais conceitos. É somente se *autopreocupação* for um conceito composto que a defesa de Parfit do critério psicológico revisado pode funcionar.

A sustentabilidade do reducionismo de Parfit gira em torno do mesmo tipo de questão. De acordo com ele, a vida psicológica de uma pessoa pode ser inteiramente descrita em termos impessoais (isto é, sem referência às pessoas ou à identidade pessoal). Isso pode parecer uma tese implausível mesmo para os estados mentais simples, como dores de dente e outras dores, os quais, por sua natureza, parecem requerer um suporte ou portador. No entanto, há um problema especial com estados psicológicos como memória e intenção, os quais parecem ter a identidade embutida em seu conteúdo. Assim, minha memória de uma experiência passada (digamos, do gosto do sorvete que eu tomei ontem) não apenas requer um portador atual, mas também parece implicar-me em seu conteúdo: eu lembro que *eu* senti o gosto do sorvete ontem. (Se eu nunca tivesse sentido o gosto de sorvete, você poderia perfeitamente bem retrucar "você não lembra o gosto do sorvete, você apenas pensa que lembra".) Como, então, a memória, uma característica crucial da nossa vida psicológica, pode ser descrita impessoalmente?

A resposta de Parfit é que memória é um conceito composto formado a partir de *identidade* e *quasi-memória* (*q-memória*). O último conceito é estipulado de forma a assemelhar-se à memória em todos os aspectos fenomenológicos e causais, embora não presuponha identidade. Assim, podemos ter *quasi-memórias* das experiências de outra pessoa, e o que chamamos de memórias são somente *quasi-memórias* das experiências dessa pessoa. Como acontece com o conceito de *autopreocupação*, a questão é saber se *memória* é, de fato, um conceito composto, ou se é um conceito unitário, não-redutível a átomos conceituais mais básicos. (Uma preocupação, por exemplo, é saber se a *quasi-memória* realmente pode ser entendida independentemente da *memória*. Se não puder, ela será, afinal, um conceito que envolve identidade.) Esse debate, assim como aquele sobre a *autopreocupação*, ainda está aberto.

A TEORIA SIMPLES

Que conclusão deveríamos tirar da discussão apresentada acima? Seria precipitado concluir que a teoria conplexa é insustentável. No entanto, ela tem sido posta sob considerável pressão e está bastante na defensiva. Há quaisquer outras considerações que poderiam contar contra ela e que apontam na direção da teoria simples?

De acordo com a teoria simples, a relação de identidade é primitiva e não-analisável. Butler sustentou que a palavra "mesmo" é usada em um "sentido estrito e filosófico" quando aplicada a pessoas, mas em um sentido "vago e popular" quando aplicada a corpos e outros tipos de coisas (por exemplo, artefatos). Similarmente, Reid escreveu que a identidade:

> não tem nenhuma natureza fixa quando aplicada a corpos, e, muito freqüentemente, as questões que a envolvem são questões acerca de palavras. Porém, identidade, quando aplicada a pessoas, não possui nenhuma ambigüidade e não admite quaisquer atribuições de graus ou de mais ou de menos. Ela é o fundamento de todos os direitos e obrigações e de toda a responsabilidade, e a noção que dela temos é fixa e precisa.[19]

Portanto, embora possa parecer uma questão verbal a de saber se devemos chamar este carro de o "mesmo carro" que um carro visto anteriormente (uma questão que pode ser estabelecida por estipulação), não é jamais uma questão verbal a de saber se uma pessoa em um momento é a mesma que uma pessoa em outro momento, e essa questão não pode nunca ser decidida por estipulação.

Em seu artigo de 1971, Parfit começou alegando que nós temos uma crença acerca da natureza da identidade pessoal e uma crença acerca da sua importância.[20] Ambas as crenças, pensa ele, são falsas. A crença acerca da natureza da identidde pessoal é que ela é sempre uma questão de tudo-ou-nada. Ou eu existirei em uma situação futura, ou não. Não pode haver nenhuma área intermediária. Parfit assinala que nós não pensamos assim no caso das nações ou das máquinas. Não pensamos que haja uma **resposta** do tipo **sim ou não** à questão "A Inglaterra era a mesma nação em 1066?". Tampouco deve sempre haver tal resposta no caso das pessoas.[21]

Todas as versões da teoria complexa implicam que podem existir casos de indeterminação da identidade pessoal (ou seja, casos em que não existe nenhuma resposta simples do tipo "sim ou não").[22] Por exemplo, consideremos o critério psicológico revisado. Se eu sofrer alguma mudança psicológica muito pequena amanhã, eu sou psicologicamente contínuo com a pessoa que ocupa o meu corpo amanhã. Este é um caso claro de identidade conforme o critério psicológico revisado. Se amanhã eu sofrer mudanças psicológicas massivas, envolvendo mudança total de caráter, implantação de novas "memórias", etc., eu não serei psicologicamente contínuo com a pessoa que ocupa meu corpo amanhã e, assim, eu definitivamente não sou idêntico a essa pessoa. Porém, há casos intermediários, em que é indeterminado se eu sou psicologicamente contínuo com a pessoa amanhã. Em tais casos, de acordo com o critério psicológico revisado, é indeterminado se eu sou ou não idêntico à pessoa futura. A questão "Eu sou esta pessoa?" não tem nenhuma resposta do tipo "sim ou não".

Parfit, é claro, consideraria bem-vinda essa conseqüência do critério psicológico revisado, pois ela serve para minar a crença comum acerca da natureza da identidade pessoal, que é um dos seus alvos. Contudo, embora seja suficientemente fácil entender a indeterminação da identidade no caso de barcos e carros, é difícil entendê-la no caso das pessoas, especialmente quando consideramos a questão do ponto de vista da primeira pessoa. Bernard Williams foi o primeiro a insistir sobre esse ponto em seu esclarecedor artigo "The Self and the Future".[23]

Williams salienta que não temos nenhum modelo de antecipação da – ou de resposta emocional à – indeterminação em nosso próprio caso. Escreve ele:

> Ser informado de que uma futura situação é uma situação limítrofe porque nela eu próprio é que sou afetado, que é conceitualmente indecidível se serei eu ou não, é algo a respeito do qual, parece, eu não posso fazer nada; porque, em particular, parece não haver qualquer representação compreensível em minhas expectativas e nas emoções que as acompanham.[24]

Um caso indeterminado ou conceitualmente indecidível não é como um caso em que me dizem que, por exemplo, um de nós, presentes na sala, levará um tiro amanhã. Nesse caso, eu sei quais são as duas possibilidades: ou levarei ou não levarei um tiro amanhã. Tampouco é o caso em que eu penso que alguma "desgraça inominável" ocorrerá comigo: seja qual for a desgraça que venha a ocorrer, ela me ocorrerá ou não. Todavia, se me dizem que alguém sofrerá uma grande dor amanhã e que é indeterminado se sou eu essa pessoa, eu não tenho nenhuma idéia de como reagir (medo?, pena?, apreensão?). Nenhuma resposta cognitiva ou emocional ajusta-se a esse caso. Há "uma obstinada resistência a espelhar em minhas expectativas uma situação na qual é conceitualmente indecidível se serei eu a sofrer tal dor".[25]

Esse é um problema para a teoria complexa, o qual não deveria ser subestimado. Ele pode não refutar essa teoria, mas torna difícil entender algumas das suas teses. Em contrapartida, a teoria simples não tem nenhum problema desse tipo. Nessa teoria, a identidade pessoal é sempre tudo ou nada e nunca tem graus. Diferentemente do que ocorre com a identidade de outras coisas, é possível que nunca existam situações em que uma sombra conceitual seja projetada sobre nossa identidade.[26]

Além disso, a teoria simples não está comprometida nem com a ocupação múltipla nem com a inclusão de uma cláusula não-ramificada ou relativa à inexistência de concorrentes (e, portanto, não precisa flertar com a teoria segundo a qual "a identidade não é o que importa"). De acordo com a teoria simples, a "fissão", tal como descrita antes, deixa em aberto a questão da identidade. Eu poderia ser Esquerdinha, poderia ser Direitinha, ou poderia não ser nenhum dos dois. Nenhuma descrição em termos de continuidades físicas ou psicológicas fracassa decisivamente ao dar uma resposta à questão sobre quem é quem. A identidade pessoal é sempre um "fato ulterior" que não se limita a essas continuidades. Alguém que aceite ser submetido a uma operação de fissão estaria correndo um risco, mas, como Williams observa acerca de outro caso enigmático, "que exista lugar para a noção de risco aqui é em si mesmo uma importante característica do problema".[27]

Por vezes, a teoria simples é acusada de tornar a identidade pessoal através do tempo incognoscível. Porém, isso não é verdade. Certamente, segundo a teoria simples, nossa evidência comum da identidade pessoal através do tempo (a constatação de várias continuidades) não é garantia lógica de identidade. Não obstante, nós mesmos nos atribuímos conhecimento do mundo externo e de outras mentes, ainda que nossa evidência não seja garantia lógica da existência de um mundo externo e de outras mentes. Por que, então, o conhecimento de nós mesmos e dos outros deveria estar comprometido pela falibilidade lógica da nossa evidência?

Se a teoria simples é verdadeira, o que é uma pessoa? Uma pessoa não pode ser idêntica ao seu cérebro, ou ao seu corpo, ou a nenhuma outra entidade biológica (pois, se assim fosse, alguma versão da teoria complexa seria verdadeira). Conforme a teoria simples, a existência de uma pessoa pode depender causalmente da existência do funcionamento normal do seu cérebro, mas não há aí nenhuma dependência metafísica. Essa teoria é certamente compatível com a tese de que as pessoas são almas imateriais, mas não é óbvio que ela requeira essa tese. A teoria simples também se ajusta bem à tese de que nós somos essencialmente ou fundamentalmente pessoas.

OBSERVAÇÕES FINAIS

Percorremos um longo caminho neste capítulo. Fizemos a distinção entre os sentidos numérico e qualitativo de "identidade", assim como entre as questões essencial e evidencial. Examinamos a questão de saber o que é ser uma pessoa e, depois, examinamos diversas teorias substantivas do que é para uma pessoa persistir, todas foram consideradas insatisfatórias. O critério psicológico revisado pode ser a versão mais plausível da teoria complexa, refletindo melhor o conceito de pessoas como seres mentais, mas sua defesa requer a verdade da controversa tese segundo a qual a identidade não é o que importa. Além disso, a possibilidade da indeterminação da identidade pessoal, que é uma característica de todas as versões da teoria complexa, é profundamente problemática. É uma virtude da teoria simples que ela evite essas dificuldades, razão pela qual ela merece mais atenção do que a que tem recebido nas discussões contemporâneas.

QUESTÕES PARA ESTUDO

- Uma pessoa é fundamentalmente um ser mental?
- O exemplo do "transplante de cérebro" refuta o critério do corpo?
- Podemos viver sem as conseqüências do critério psicológico revisado?
- Qual é a tese segundo a qual a identidade não é o que importa?
- Quais são os custos de se aceitar a teoria simples?

LEITURAS RECOMENDADAS

H. Noonan, *Personal Identity*, 2ª edição. London: Routledge, 2003. Uma introdução excelente, embora exigente, à história do tópico e ao debate contemporâneo.

D. Parfit, *Reasons and Persons*. Oxford: Oxford University Press, 1984, Parte III. Esse livro estabeleceu em grande parte a agenda para as recentes discussões sobre a identidade pessoal. Embora não seja introdutório, Parfit escreve claramente, e qualquer leitor interessado está apto a seguir a radical e revisionista linha de pensamento de Parfit.

S. Shoemaker e R. Swinburne, *Personal Identity*. Oxford: Basil Blackwell, 1984. Um debate acessível entre um importante defensor da teoria complexa e um importante defensor da teoria simples.

RECURSOS NA INTERNET

B. Garret (1998, 2004) "Personal Identity", in E. Craig (ed.), *Routledge Encyclopedia of Philosophy*. Disponível em: <http://www.rep.routledge.com.article/V024>. Acesso em: 31 maio 2006.

E.T. Olson (2002) "Personal Identity", *The Stanford Encyclopedia of Philosophy (Edição Outono 2002)*, Edward N. Zalta (ed.). Disponível em: <http://plato.stanford.edu/archives/fall2002/entries/identity-personal>. Acesso em: 31 maio 2006.

9

Realismo e anti-realismo

INTRODUÇÃO

Realismo sobre um objeto de estudo (Fs, digamos) é normalmente entendido como a concepção segundo a qual Fs existem independentemente de nós. "Independência" não é uma noção transparente, mas podemos dizer que Fs existem independentemente de nós se e somente se as seguintes três condições são satisfeitas:

(i) Se não existíssemos, Fs ainda assim existiriam.
(ii) Se deixássemos de existir, Fs ainda assim existiriam.
(iii) A natureza dos Fs não é determinada meramente pelo que quer que consideremos que ela seja.[1]

Intuitivamente, somos realistas sobre os planetas ([i]–[iii] são verdadeiras para os planetas), mas não-realistas sobre a moda (nenhuma das três condições [i]–[iii] é verdadeira para a moda: algo é moda somente porque as pessoas o tratam de uma certa maneira).

A oposição ao realismo sobre Fs pode, portanto, assumir uma entre duas formas: a insistência em que Fs não existem ou a insistência em que, embora Fs existam, eles não existem independentemente de nós. As teorias do erro (propostas, por exemplo, acerca do discurso moral e aritmético) e o expressivismo (proposto, por exemplo, acerca do discurso moral) são exemplos do primeiro tipo de estratégia não-realista.[2] O idealismo é um exemplo do segundo tipo de estratégia. O Bispo Berkeley pensava que os planetas existiam, mas, como são compostos de idéias, eles não existem independentemente da mente (humana ou divina). Neste capítulo, pretendo examinar um exemplo mais recente do segundo tipo de estratégia não-realista, primeiramente introduzida nos anos 1960 por Michael

Dummett. Dummett chama sua versão do não-realismo de "anti-realismo", o qual pode ser visto como uma tentativa de forjar um novo sentido no qual a existência de Fs poderia não ser independente de nós.

Dummett sugere que as disputas metafísicas tradicionais poderiam avançar, ou mesmo ser decididas, se fossem desenvolvidas no interior da estrutura do debate entre realismo e anti-realismo. Embora esse seja um debate sobre significado e verdade, Dummett considerou que ele poderia lançar luz sobre as disputas metafísicas tradicionais acerca da natureza da matemática, das outras mentes, dos objetos materiais e da realidade do passado e do futuro.

Valendo-me de dois artigos dessa época, "Realism" (1963) e "The Reality of Past" (1969), eu questionarei se o modelo realismo/anti-realismo de Dummett é realmente fecundo no incremento da metafísica.[3] Examinarei também um argumento bem-conhecido que parece mostrar que o anti-realismo leva à contradição.

REALISMO

Para muitos, o realismo é a visão omissa do mundo. Montanhas, continentes e planetas, por exemplo, existem independentemente de nós. Se não existíssemos, eles ainda assim existiriam; se deixássemos de existir, eles ainda assim existiriam; e sua natureza não é fixada por nada que consideremos que ela seja. Montanhas, continentes e planetas existem e o fazem em completa independência em relação a nós. O idealismo envolve uma rejeição veemente desse realismo. De acordo com o idealista, montanhas, continentes e planetas são entidades que dependem da mente para existir. Para tais entidades, ser é ser percebido (*esse est percipi*) – tanto por uma mente humana quanto por uma mente divina. De acordo com o idealista, se não existisse nenhuma mente, não existiriam quaisquer montanhas, continentes ou planetas. Dummett pretende que seu anti-realismo ocupe uma posição intermediária entre realismo e anti-realismo. O mundo não é independente de nós, pois enunciados acerca do mundo exterior não podem ser verdadeiros sem o nosso reconhecimento. Porém, a existência dos planetas, por exemplo, não depende de que estes sejam percebidos por alguma mente. Os planetas ainda existiriam mesmo que não existissem quaisquer mentes.

DELINEANDO A DISPUTA REALISTA/ANTI-REALISTA

A primeira tarefa, é claro, consiste em esclarecer o que Dummett quer dizer com os termos "realista" e "anti-realista". Dummett diz que entende realismo em relação a Fs não como a doutrina segundo a qual existem Fs (onde Fs são entidades de alguma espécie disputada) e tampouco entende o anti-realismo como a sua negação. Assim, a disputa realista/nominalista sobre a existência dos universais não é um exemplo de disputa realista/anti-realista no sentido de Dummett (ver Capítulo 3). A disputa realista/anti-realista, conforme Dummett, não se refere à existência de alguma suposta classe de entidades, mas a características de certas classes de enunciados (enunciados acerca de outras mentes, da matemática, do mundo físico, do passado e do futuro, etc.). Dummett gosta muito de citar o *dictum* de Kreisel segundo o qual o **platonismo** em matemática é melhor entendido, não como uma doutrina sobre a existência de objetos matemáticos, mas como uma tese que diz respeito à objetividade dos enunciados matemáticos. Realismo, no sentido de Dummett, é uma expressão dessa objetividade.

Quando a "classe disputada" refere-se à classe dos enunciados de uma área em que há uma disputa realista/anti-realista, Dummett caracteriza o realismo como "a crença de que enunciados da classe disputada possuem um valor de verdade que independe dos nossos meios de conhecê-lo: eles são verdadeiros ou falsos em virtude de uma realidade que existe independente de nós".[4] Em contrapartida:

> O anti-realista opõe a isso a concepção de que enunciados da classe disputada devem ser entendidos somente por referência à espécie de coisas que consideramos como evidência para um enunciado dessa classe. (. . .) os significados daqueles enunciados estão diretamente vinculados ao que nós consideramos como evidência para eles, de tal forma que um enunciado da classe disputada, se é de algum modo verdadeiro, pode ser verdadeiro somente em virtude de alguma coisa que poderíamos conhecer e que deveria contar como evidência para a sua verdade.[5]

Portanto:

> O realista e o anti-realista podem concordar que é uma questão objetiva a de saber se, no caso de qualquer enunciado da classe, os critérios que usamos para julgar se um enunciado é verdadeiro são satisfeitos: a diferença entre eles reside no fato de que, para o anti-realista, a verdade do enunciado pode apenas consistir na satisfação daqueles critérios, ao passo que, para o realista, o enunciado pode ser verdadeiro mesmo que não tenhamos quaisquer meios de reconhecê-lo como verdadeiro.[6]

Mais adiante, ele escreve:

> (. . .) a disputa pode surgir somente em relação a classes de enunciados para as quais os dois lados admitem que talvez não exista evidência nem a favor nem contra um dado enunciado. É isso que, conseqüentemente, torna a aceitação da lei do terceiro excluído para os enunciados de uma dada classe um teste decisivo para saber se alguém tem ou não uma concepção realista dos enunciados dessa classe. O anti-realista não pode admitir que a lei do terceiro-excluído é geralmente válida.[7]

Conseqüentemente, "A disputa (...) refere-se à noção de verdade apropriada para os enunciados da classe disputada; e isso significa que essa é uma disputa quanto ao tipo de *significado* que esses enunciados têm".[8]

A cada classe disputada de enunciados freqüentemente corresponde uma classe redutiva de enunciados. Portanto, a classe disputada dos enunciados sobre objetos materiais corresponde à classe redutiva dos enunciados sobre a experiência sensível. A enunciados sobre outras mentes correspondem enunciados sobre o comportamento. Ao falar de uma "classe redutiva", Dummett pretende implicar que os enunciados dessa classe podem ser entendidos independentemente dos enunciados da sua classe disputada correspondente. Em tais casos, a concepção anti-realista é que a verdade de um enunciado da classe disputada consiste na verdade de algum enunciado, ou conjunto de enunciados, extraído da classe redutiva.[9]

Entretanto, o anti-realismo não deveria ser identificado com o reducionismo: o reducionismo não é nem necessário nem suficiente para o anti-realismo. Ele não é necessário porque não existe nenhuma classe redutiva para a classe disputada dos enunciados matemáticos (a saber, classe dos enunciados matemáticos que quantificam sobre um domínio infinito). A evidência para um enunciado matemático é prova ou computação. Ainda assim, uma prova é uma prova *de* um enunciado matemático. Daí a noção de uma prova não ser inteligível independentemente da noção de um enunciado matemático e, por isso, não poder constituir uma classe redutiva para enunciados matemáticos.

Considerações similares são feitas em relação a enunciados sobre o futuro ou o passado. Parte da base evidencial para enunciados sobre o passado é a memória, embora uma memória seja sempre uma memória de um estado de coisas passado e, portanto, não poder ser caracterizada independentemente do passado. Parte da base evidencial para enunciados sobre o futuro é a intenção, embora uma intenção seja sempre uma intenção de fazer alguma coisa no futuro e, portanto, não poder ser caracterizada independentemente do futuro.

O reducionismo não é suficiente para o anti-realismo, pois é possível adotar-se uma concepção realista dos enunciados da classe redutiva. Em tal caso, a verdade de um enunciado da classe disputada pode ser verdade, em virtude da verdade de algum enunciado ou conjunto de enunciados da classe redutiva; porém, como somos realistas em relação à classe redutiva, devemos ser realistas em relação à classe disputada.

Examinaremos a motivação para o anti-realismo no devido momento. Contudo, pode ser útil analisar com algum detalhe dois estudos de caso realista/anti-realista que Dummett oferece – um sobre caráter, o outro sobre o passado – a fim de formar um juízo sobre a disputa e os vários caminhos acessíveis ao realista e ao anti-realista. Dummett descreve o caso do caráter como aquele no qual "muito poucas pessoas adotariam seriamente uma atitude realista".[10] Como veremos, isso está longe de ser claro.

ESTUDO DE CASO I: CARÁTER

O traço de caráter em questão é a bravura. Ao elaborar o exemplo, Dummett faz duas suposições simplificadoras. Primeiro, ele supõe que não há nenhuma vagueza na aplicação do predicado "bravo". Qualquer reação a uma situação perigosa pode ser classificada tanto como brava quanto como não-brava. Segundo, ele supõe que uma única ação de bravura não é suficiente para justificar a atribuição do traço de caráter da bravura a um agente. Nenhuma das suposições é verdadeira, mas Dummett pensa que isso não importa muito, simplificando sua tentativa de ilustrar os princípios da disputa realista/anti-realista.

Vamos, então, perguntar ao imaginário e recentemente falecido Jones se ele era bravo ou não. Suponhamos que Jones levou uma vida resguardada na universidade e nunca se deparou com o perigo. Desse modo, não temos qualquer evidência para "Jones era bravo" e nenhuma evidência para "Jones não era bravo". Nesse caso, diz Dummett, "Jones era bravo" é verdadeiro somente se o condicional contrafactual "se Jones tivesse sido exposto ao perigo, ele teria agido bravamente" é verdadeiro. Similarmente, "Jones não era bravo" é verdadeiro somente se o condicional contrafactual "se Jones tivesse sido exposto ao perigo, ele não teria agido bravamente" é verdadeiro.

Como Dummett diz, poderíamos ter evidência direta para um desses contrafactuais se a bravura estivesse associada a outros traços de caráter e se tivéssemos evidência de que Jones possuía algum dos traços correspondentes. Porém, vamos supor que não temos nenhuma evidência auxiliar desse tipo. Nesse caso, não temos nenhuma razão para afirmar um ou outro contrafactual.

Dummett, então, faz uma outra afirmação: um condicional contrafactual não pode ser meramente verdadeiro. Se um condicional contrafactual é verdadeiro, ele é verdadeiro em virtude da verdade de algum enunciado categorial (não-condicional). Como Dummett diz, esse

> ## O JONES NÃO-TESTADO
>
> O professor Jones levou uma vida resguardada em sua cidade universitária, oculto em seus estudos teóricos, raramente se aventurando fora daquelas partes do bairro em que rufiões e salteadores detinham o controle. Jones nunca se deparou com o perigo. Ele nunca foi ameaçado ou atacado, nem testemunhou abusos sendo cometidos contra os outros. Nada em seu comportamento fornece evidência para a verdade de "Jones era bravo" ou para a verdade de "Jones não era bravo". Tampouco estamos em posse de um método que nos habilitará a decidir a questão mediante um procedimento mecânico em um espaço de tempo finito. Vamos supor, além disso, que nenhuma evidência relevante sobrevirá no futuro. Então, diz Dummett, não é o caso que "Jones era bravo" é ou falsa ou verdadeira. O realista, em contrapartida, diz que "Jones era bravo" é uma sentença declarativa clara e precisa do português, verdadeira se Jones tinha a qualidade da bravura, falsa se ele não a tinha. Visto que Jones ou possuía ou não possuía essa qualidade, "Jones era bravo" é ou verdadeira ou falsa, mesmo que não tenhamos nenhuma idéia sobre as duas alternativas. Nossa evidência para uma sentença é uma coisa, sua verdade ou falsidade é outra.

princípio é "intuitivamente convincente".[11] Podemos ilustrar esse princípio com o caso de uma propriedade disposicional como a solubilidade, a qual é mais bem compreendida nos termos de um contrafactual. Um cubo de açúcar será solúvel se e somente se ele se dissolver ao ser colocado na água. Esse contrafactual é verdadeiro em virtude de algum fato categorial acerca da estrutura química do açúcar.

Tudo o que foi dito antes, estamos supondo, é base comum entre realista e anti-realista. O argumento agora procede nas duas direções. O anti-realista argumenta que nenhum dos nossos pares de contrafactuais sobre Jones é verdadeiro, pois não há nenhum enunciado categorial verdadeiro sobre Jones que justifique um ou outro contrafactual. Contudo, se nenhum contrafactual é verdadeiro, então "Jones era bravo" não é nem verdadeiro nem falso. Então, temos a idéia distintivamente anti-realista: "Jones era bravo" não é nem verdadeiro nem falso, pois não temos nenhuma evidência que conte a favor ou contra o enunciado, nem qualquer garantia de vir a obter essa evidência.

Em contrapartida, o realista reconhece que a verdade de um enunciado contrafactual deve estar baseada na verdade de um enunciado categorial, mas sustenta que um dos contrafactuais está baseado em um enunciado categorial verdadeiro sobre o caráter de Jones. Portanto, pode ser que o contrafactual "se Jones tivesse sido exposto ao perigo, ele teria agido bravamente" é verdadeiro em virtude da verdade categorial (por nós desconhecida) "Jones era bravo".

O realista considera o contrafactual verdadeiro em virtude de alguma verdade sobre o caráter de Jones, enquanto o anti-realista considera que a bravura de Jones (ou a falta dela) está baseada em alguma verdade acerca do seu comportamento (portanto, se não existe nenhuma verdade desse tipo acerca do seu comportamento, não existe qualquer fato relevante para a questão de saber se Jones era bravo). O realista afirma que "Jones era bravo" é ou verdadeiro ou falso, mesmo que não possamos saber qual dos dois. O anti-realista afirma que, como não podemos saber qual dos dois, "Jones era bravo" não é nem verdadeiro nem falso.

De acordo com o realista, "Jones era bravo" deve "*ser* ou verdadeiro ou falso, pois o caráter do homem – concebido como um mecanismo interno que determina o seu comportamento – deve ou incluir a qualidade da bravura ou carecer da mesma".[12] Entretanto, Dummett acrescenta, "somente uma pessoa completamente ingênua do ponto de vista filosófico adotaria uma concepção realista dos enunciados sobre caráter".[13] Bem, ingênua ou não, a visão realista da questão é intuitiva. Nós concebemos as características psicológicas como subjacentes ao e causadoras do comportamento. Comportamo-nos de determinado modo *porque* nos encontramos em certos estados mentais (por exemplo, levantamos a voz porque estamos zangados). Nossos estados mentais não devem ser identificados com o nosso comportamento, mas, antes, como causas dele. Igualmente, não temos qualquer dificuldade de conceber a idéia de que, devido ao autocontrole ou a circunstâncias externas, uma pessoa tenha uma certa qualidade psicológica, embora ela nunca tenha se manifestado em seu comportamento. Em contrapartida, o anti-realismo distorce a nossa concepção dos estados mentais dos outros e pressupõe um **behaviorismo** ingênuo e implausível. O que mais senão um comprometimento com o behaviorismo poderia motivar a restrição anti-realista dos enunciados categoriais relevantes contrafactualmente embasados àqueles enunciados sobre o comportamento publicamente observável de Jones?

ESTUDO DE CASO II: O PASSADO

Segundo uma concepção dos enunciados futuros contingentes (por exemplo, "ocorrerá uma batalha naval amanhã"), tais enunciados não são considerados nem verdadeiros nem falsos. Entretanto, os filósofos que sustentam essa concepção o fazem não devido a considerações anti-realistas, mas porque afirmam que o futuro é irreal. Não existem quaisquer fatos futuros que tornem nossos enunciados sobre o futuro verdadeiros ou falsos agora. Tradicionalmente, uma concepção similar dos enunciados referentes ao passado não foi sustentada, pois, segundo a maior parte das concepções do tempo, o passado é real (ver Capítulo 5). Contudo, Dummett pensa que um argumento anti-realista pode ser desenvolvido para ambos os tipos de enunciados; aqui, porém, discutiremos apenas os enunciados sobre o passado.

Em "Realism", Dummett esboça resumidamente o modo como uma disputa realista/anti-realista acerca do passado pode surgir. Existem, presumivelmente, muitos enunciados sobre o passado para os quais atualmente não temos nenhuma evidência a favor ou contra – e podemos nunca ter qualquer evidência (por exemplo, "César comeu ovos no café da manhã em seu trigésimo aniversário."). O realista insistirá que tais enunciados, se não defectivos em função de vagueza, ambigüidade e fracasso referencial, são ou verdadeiros ou falsos. O anti-realista insistirá que, na ausência de evidência presente ou futura, tais enunciados não são nem verdadeiros nem falsos.

Em *The Reality of the Past*, Dummett sugere a seguinte estratégia para o realista: ele pode justificar o seu entendimento dos enunciados sobre o passado apelando para conexões entre valores de verdade de enunciados que se referem ao passado e enunciados que se referem ao presente. Se eu digo "Garret está em seu gabinete", isso deve ter o mesmo valor de verdade que o enunciado feito um ano depois "Garret estava em seu gabinete um ano atrás". É impossível que esses enunciados tenham valores de verdade diferentes: daí a conexão entre valores de verdade. De acordo com Dummett, o realista pode dizer que é "a partir de um entendimento da conexão entre valores de verdade, como exemplificada nesse caso, que derivamos uma compreensão do que é para um enunciado no tempo passado (. . .) ser verdadeiro".[14]

Três pontos são dignos de nota. Primeiro, Dummett assume que, se fôssemos realistas em relação ao passado, poderíamos sê-lo somente apelando para conexões entre valores de verdade que conectassem enunciados no tempo presente a enunciados no tempo passado. Mas por que um realista deveria aceitar isso? Admitir isso é admiti-lo em relação a uma idéia distintivamente anti-realista: que nós nos esforçamos por entender os enunciados referentes ao passado a partir da evidência disponível no presente ou no futuro. Para um realista, em contrapartida, "César comeu ovos no café da manhã em seu trigésimo aniversário" é uma sentença declarativa significativa perfeitamente clara, em si mesma inteligível para falantes do português. Ela não necessita de conexões entre valores de verdade de enunciados para que se lhe atribua um determinado valor de verdade.

Um padrão está começando a surgir: no exemplo de Jones, Dummett afirmou que enunciados sobre outras mentes devem basear-se em enunciados sobre o comportamento. Agora ele afirma que enunciados sobre o passado devem estar basear-se em enunciados sobre uma evidência presente e futura. Ambas as afirmações distorcem nosso entendimento das outras mentes e do passado. Nenhum realista (ou ninguém mais, pois isso importa) deveria aceitá-las.

Segundo, o anti-realismo acerca do passado é contra-intuitivo. Supomos que existe um passado atual, real, e que ele ou inclui o fato de César ter comido ovos no café da manhã em seu trigésimo aniversário ou não o inclui. Como pode, então, não ser verdadeiro ou falso que César comeu ovos em seu trigésimo aniversário?

Terceiro, há uma outra estranheza. Estamos supondo que não existe qualquer evidência presente ou futura que poderia ter ligação com "César comeu ovos no café da manhã em seu trigésimo aniversário". O anti-realista alega que o enunciado expresso por essa sentença não é nem verdadeiro nem falso. Suponhamos que nós temos evidência de que César comeu ovos no café da manhã em seu trigésimo aniversário. Então, estamos autorizados a pensar desse enunciado que ele é ou verdadeiro ou falso (visto que agora temos evidência da sua verdade). Contudo, não é estranho que esses dois enunciados similares diferissem tão marcadamente com respeito à sua posse de um determinado valor de verdade?

O anti-realismo em relação a enunciados matemáticos não é implausível desse modo. O anti-realista aceitará como legítima a concepção segundo a qual os enunciados matemáticos, ao compreenderem um domínio finito, embora vasto, podem ter os seus valores de verdade determinados. Enunciados que compreendem um domínio infinito, para os quais não dispomos nem de prova nem de contra-exemplo, não podem ser concebidos como determinados em termos de valores de verdade. Portanto, o anti-realista admite que "Os primeiros números pares bilionários são a soma de dois primos" é ou verdadeiro ou falso, mesmo que ninguém o tenha realmente verificado ou falsificado, pois ele poderia ser verificado ou falsificado em um tempo finito utilizando-se um procedimento de decisão mecânico. Porém, a conjetura de Goldbach – todo número par é a soma de dois primos – não pode ser concebida como sendo ou falsa ou verdadeira porque, no presente, não dispomos de nenhuma prova ou contra-exemplo, tampouco de nenhuma garantia de jamais adquiri-los. Aqui, existe pelo menos uma diferença categorial entre aqueles enunciados para os quais um anti-realista está disposto a admitir determinado valor de verdade e aqueles para os quais ele não está disposto a admiti-lo. O anti-realismo sobre o passado não permite nenhuma demarcação.

ANTI-REALISMO: MOTIVAÇÃO E AVALIAÇÃO

Como terá ficado evidente a partir da exposição precedente, o projeto anti-realista tem origem em considerações que se referem a significado e verdade. Mas quais considerações exatamente? Em seu artigo de 1963, Dummett pouco acrescenta ao que segue: para o anti-realista "o significado de um enunciado está intrinsecamente conectado àquilo que tomamos como evidência a favor ou contra o enunciado".[15] Ele é um pouco mais acessível em seu artigo posterior. Nele o anti-realista:

> (...) mantém que o processo pelo qual apreendemos o sentido dos enunciados da classe disputada e do uso que subseqüentemente é feito desses enunciados é tal que não poderíamos derivar dele nenhuma noção do que seria para esse enunciado ser verdadeiro independentemente do tipo de coisa que aprendemos a reconhecer como aquilo que estabelece a verdade desses enunciados. (...) Pela própria natureza do caso, é provável que não pudéssemos entender o que seria para o enunciado ser verdadeiro independentemente daquilo que aprendemos a tratar como estabelecendo sua verdade: não havia simplesmente nenhum modo pelo qual isso nos poderia ser mostrado.[16]

É difícil sentir a força dessas considerações. Consideremos novamente a conjetura de Goldbach segundo a qual todo número par é a soma de dois primos. Essa é uma conjetura para a qual não dispomos, no presente, nem de prova, nem de contra-exemplo. Visto que números pares formam uma série infinita, não há qualquer garantia de que um dia disporemos de uma ou de outro. Trata-se, portanto, de uma conjetura que está em disputa entre o realista e o anti-realista. Algumas das observações de Dummett dão a impressão de que o anti-realista deve sustentar que a sentença "todo número par é a soma de dois primos" não tem significado. Se o significado está conectado à evidência – e não temos nenhuma evidência a favor ou contra essa sentença –, então diremos que ela não tem significado? No entanto, essa não é a opinião considerada por Dummett, o que vem a ser o mesmo, visto que a sentença é obviamente destituída de significado.

A alegação de Dummett não é que a sentença não tenha significado, mas que não temos nenhuma concepção do "que seria para um tal enunciado ser verdadeiro independentemente do tipo de coisa que aprendemos a reconhecer como estabelecendo a verdade de tais enunciados" (nesse caso, uma prova).[17] Na ausência de evidência a favor ou contra, e de garantia de adquirir essa evidência, não podemos conceber a conjetura como determinadamente verdadeira ou falsa. Em seu primeiro artigo, Dummett expressou isso dizendo que deveríamos considerar que um enunciado disputado como a conjetura de Goldbach nem é verdadeiro nem falso. Contudo, isso é corrigido no artigo posterior com a alegação de que não estamos autorizados a afirmar que a conjetura de Goldbach não é nem verdadeira nem falsa (onde não estar autorizado a afirmar P não é a mesma coisa que estar autorizado a negar P). Essa é uma mudança sutil, porém importante. Seria obviamente absurdo afirmar que a conjetura de Goldbach não é nem verdadeira nem falsa simplesmente porque não temos, no presente, nenhuma prova ou nenhum contra-exemplo. Teríamos, então, mostrado que a conjetura de Goldbach é falsa simplesmente porque não dispomos de uma prova ou de um contra-exemplo. Resultados matemáticos não são tão fáceis de obter! Simplesmente recusar-se a afirmar que a conjetura de Goldbach é ou verdadeira ou falsa não tem essa conseqüência absurda.

O que dizer da motivação do anti-realismo em relação à matemática? Por que pensar que nossa concepção do que é para a conjetura de Goldbach ser verdadeira depende da nossa posse de uma prova para ela ou de nossa capacidade de reconhecer uma prova, no caso de alguma nos ser apresentada? Essas considerações evidenciais parecem irrelevantes para questões de compreensão. Quando eu entendo a sentença "todo número par é a soma de dois primos", suponho que, como qualquer sentença declarativa clara e precisa do português, ela faz uma afirmação clara e definitiva sobre a realidade. A sentença "todo número par é a soma de dois primos" representa que a realidade (em particular, aquela porção da realidade que consiste na série dos números pares) é de um certo modo. A sentença é verdadeira somente se a realidade é desse modo; do contrário, ela é falsa. Isso captura exatamente o que está envolvido em minha compreensão da conjetura de Goldbach e não faz nenhuma referência a qualquer evidência que eu possa ter a favor ou contra a conjetura. Essas observações são as mais triviais platitudes, ainda que elas sirvam para impugnar o projeto anti-realista desde o início. Nesse caso, estamos inteiramente autorizados a considerar a conjetura de Goldbach como ou verdadeira ou falsa, mesmo que não tenhamos nenhuma idéia de qual valor de verdade ela tem.[18]

Dummett, sem dúvida, concebia o anti-realismo como um aperfeiçoamento do positivismo lógico de A.J. Ayer.[19] O positivismo lógico foi uma teoria do significado (literal) da sentença. De acordo com ela, uma sentença declarativa era literalmente significativa somente se ela fosse ou analítica (verdadeira ou falsa unicamente em virtude do significado) ou empiricamente verificável. Ayer via a si próprio como integrante da grande tradição empirista britânica que remonta a John Locke e como um matador de dragões metafísicos. O positivismo lógico foi certamente uma teoria **empirista**, e uma teoria que tinha implicações para a significatividade de certas sentenças do português. Assim, consideremos a sentença "tudo está duplicando de tamanho". Essa sentença não é nem analítica nem empiricamente verificável. Mesmo em princípio, poderíamos não ter nenhuma evidência sensorial a favor ou contra a sentença (pois não há nenhum ponto de vantagem neutro a partir do qual ela poderia ser avaliada). Portanto, o positivismo lógico teria de declarar que essa sentença não tem significado. Contudo, a sentença é claramente significativa. Sabemos exatamente o que ela diz.

Uma suposta vantagem do anti-realismo é que ele evitaria a conseqüência de que uma sentença como "tudo está duplicando de tamanho" seja não-significativa. Em vez disso, o ponto seria que não estamos autorizados a pensar essa sentença como determinadamente verdadeira ou falsa. No entanto, mediante reflexão, dificilmente isso pode ser menos contraintuitivo. Não há nenhum fracasso referencial ou vagueza ou ambigüidade na sentença. É uma sentença declarativa da língua portuguesa, fazendo uma alegação inteligível acerca da realidade. Como pode a realidade falhar em ser ou da maneira que ela descreve ou de alguma outra maneira? Nesse caso, não podemos senão concebê-la como ou verdadeira ou falsa. Pode ser admirável que Dummett tivesse lutado para manter vivo o espírito da grande tradição empirista britânica, mas ela é, apesar disso, uma causa perdida.[20]

ALFRED JULES AYER (1910-1989)

Sir Alfred Jules Ayer foi educado em Eton and Christ Church, Oxford. Tornou-se Grote Professor no University College, Londres, antes de ocupar a Cátedra de Lógica em Oxford em 1959. Figura controversa e pitoresca, ele tinha um amplo círculo de amigos e dividiu muito do seu tempo entre Londres e Oxford. Ayer é indubitavelmente o único filósofo a ter feito uma gravação com Lauren Bacall. Um dos principais filósofos britânicos do século passado, sua fama veio cedo, com a publicação de *Language, Truth and Logic* em 1936. As proposições da metafísica foram declaradas destituídas de sentido porque não são nem analíticas nem empiricamente verificáveis. As proposições da lógica e da matemática, de fato todas as proposições *a priori*, foram consideradas analíticas. Sentenças éticas, tais como "a tortura é um erro", as quais não são nem analíticas nem empiricamente verificáveis, foram consideradas significativas pela virtude de expressarem atitudes ou emoções, e não por enunciarem fatos éticos. Embora Ayer tenha posteriormente modificado as rígidas doutrinas do seu primeiro trabalho, ele nunca renunciou à sua perspectiva empirista.

ANTI-REALISMO REFUTADO?

A discussão antes apresentada não foi generosa com a polêmica anti-realista. Infelizmente, as coisas estão ficando pior. Em acréscimo às alegações contra-intuitivas do anti-realismo e sua falta de qualquer motivação plausível, há um poderoso argumento contra a coerência do anti-realismo. O argumento foi originalmente formulado por F.B. Fitch e primeiramente publicado em 1963.[21]

É uma conseqüência do anti-realismo que não existam quaisquer verdades incognoscíveis. Se existissem verdades incognoscíveis, um enunciado poderia ser verdadeiro e, portanto, ter um valor de verdade determinado, mesmo que não houvesse nenhuma possibilidade de virmos jamais a reconhecê-lo como verdadeiro. É precisamente essa independência da mente em relação à realidade que o anti-realista deseja abolir. O realismo, em contrapartida, é completamente consistente com a exisência de verdades incognoscíveis.

Assim, podemos supor que o anti-realista está comprometido com o seguinte princípio:

(PC) Para todos os enunciados p, se p é verdadeiro, é possível conhecer p.

Para enunciar o argumento de Fitch, precisamos de uma afirmação adicional. Embora o anti-realista não possa admitir verdades incognoscíveis, ele deve admitir que algumas verdades são desconhecidas. Isso é apenas uma expressão da nossa falta de onisciência. Diferentemente de Deus, nós não sabemos todas as verdades que existem. A despeito de algumas formulações ambíguas, o anti-realismo de Dummett é feliz em admitir que existem muitas verdades para as quais não temos nenhuma evidência (por exemplo, porque ninguém se preocupou em obter a evidência, ou porque sua obtenção seria pretensão demasiada para os seres humanos). Portanto, para o anti-realista, embora não existam quaisquer verdades incognoscíveis, existem muitas verdades desconhecidas. Consideremos q uma dessas verdades desconhecidas.

A prova de Fitch procede como segue (onde "C" expressa "é conhecido que . . ." e "~" expressa "não"):

(1) q e ~Cq   Suposição
(2) possivelmente C(q e ~Cq)   (1) ([PC])
(3) possivelmente (Cq e C~Cq) (2) (distribuição do conhecimento em conjunção e princípio de possibilidade)
(4) possivelmente (Cq e ~Cq)   (3) (conhecimento implica verdade e princípio de possibilidade)
(5) (PC) é falso   (4) *reductio*
(6) O anti-realismo é falso   (5) (Anti-realismo implica [PC])

Comecemos com (1). A premissa (1) é uma suposição que todo mundo aceita. Ela expressa nossa falta de onisciência. A premissa (2) segue-se de (1) por (PC) (substituindo "q e ~ Cq" por "p"). (2) diz que é possível conhecer (q e ~Cq). A premissa (3) segue-se de (2) pelo princípio segundo o qual o conhecimento distribui-se em conjunção, juntamente com o princípio de possibilidade. A primeira diz que alguém que conhece uma conjunção por isso mesmo conhece cada um dos conjuntados: de "X conhece A e B" podemos inferir "X conhece A" e "X conhece B". A segunda diz que de "Possivelmente R" e "R implica S" podemos inferir "Possivelmente S".

A premissa (4) segue-se de (3) pelo princípio segundo o qual conhecimento implica verdade: de "X conhece que A" podemos inferir a verdade de "A". Esse princípio é considerado como essencial para o conhecimento e é um princípio decisivo conforme o qual o conhecimento difere de estados "não-factivos" tais como crença (de "X crê que p" não podemos inferir "p" – X pode estar errado).[22] O movimento de (3) para (4) também requer uma aplicação do princípio de possibilidade.

Mas (4) é impossível; portanto, alguma premissa ou princípio anterior deve ser falso. A premissa (1) é inatacável; o princípio de possibilidade e os princípios segundo os quais o conhecimento distribui-se em conjunção e o conhecimento implica verdade parecem inegáveis; logo, a fonte da contradição deve ser (PC). Assim, (PC) é falso; e, visto que o anti-realismo implica (PC), o anti-realismo é falso.

Embora fique feliz ao tratar a prova de Fitch como uma refutação direta do anti-realismo, eu devo dizer que alguns filósofos consideram o raciocínio de Fitch paradoxal e tentam descobrir alguma falácia em seu argumento.[23] Aceitar a prova de Fitch é aceitar que, se algumas verdades são desconhecidas, então algumas verdades são incognoscíveis. Por **contraposição**, isso é equivalente ao princípio segundo o qual, se todas as verdades são cognoscíveis, então todas as verdades são conhecidas. Esse princípio pode ser considerado contra-intuitivo, independentemente da disputa realista/anti-realista.[24] Contudo, não existe nenhum consenso sobre o que se supõe estar errado com a prova de Fitch e, até que um consenso surja, é inteiramente razoável tratar a prova de Fitch como uma refutação de (PC) e, portanto, como uma refutação do anti-realismo.

OBSERVAÇÕES FINAIS

O projeto anti-realista de Dummett não progrediu em nossa discussão: ele é contra-intuitivo, inadequadamente motivado e aberto à refutação pela prova de Fitch. Essa conclusão é um mau prognóstico para o amplo projeto de Dummett de tentar colocar a teoria do significado no centro da filosofia. Dummett tentou delinear um novo sentido no qual o mundo (ou algum aspecto dele) não seja independente de nós e das nossas habilidades de obter evidência. Nisso ele fracassou, mas outros ainda podem ser bem-sucedidos.[25]

QUESTÕES PARA ESTUDO

- O que está envolvido quando se trata de ser um realista em alguma área?
- Como você caracterizaria o anti-realismo de Dummett?
- É plausível pensar que "Jones era bravo" não é nem verdadeira nem falsa?
- Você pode conceber alguma motivação convincente para o anti-realismo em relação a algum assunto?
- Como um anti-realista poderia responder à prova de Fitch?

LEITURAS RECOMENDADAS

A.J. Ayer, *Language, Truth and Logic*. Harmondsworth: Penguin, 1976, especialmente a Introdução de Ayer e o Capítulo 1. O livro de Ayer constitui o enunciado clássico do positivismo lógico, e essa doutrina pode ser proveitosamente vista como um (íntimo) ancestral do anti-realismo.

M.A.E. Dummett, "Realism" e "The Reality of Past", em sua coleção *Truth and Other Enigmas*. Cambridge, Mass.: Harvard University Press, 1978. Ambos os artigos são bastante difíceis, mas "Realism" é o mais acessível dos dois.

D. Edgington, "The Paradox of Knowability", *Mind*, v. 94, 1995. Uma discussão útil, embora avançada, sobre o paradoxo de Fitch.

J. McDowell, "Criteria, Defeasibility and Knowledge", in J. Dancy (ed.), *Perceptual Knowledge*. Oxford: Oxford University Press, 1988. Uma excelente crítica das bases epistemológicas do anti-realismo. Escrito de modo claro, mas exigente.

C. Wright, *Realism, Meaning and Truth*, segunda edição. Oxford: Basil Blackwell, 1993. Os artigos dessa coleção são todos dedicados ao debate realista/anti-realista, porém muito difíceis para o novato. Entretanto, a Introdução de Wright, de fato, é uma genuína introdução ao debate e pode ser recomendada ao novato entusiasmado.

RECURSOS NA INTERNET

B. Brogaard e J. Salerno (2004) "Fitch's Paradox of Knowability", *The Stanford Encyclopedia of Philosophy (Edição Verão 2004)*, Edward N. Zalta (ed.). Disponível em: <http://plato.stanford.edu/archives/sum2005/entries/fitch-paradox>. Acesso em: 31 maio 2006.

E. Craig (1998) "Realism and Anti-Realism", in E. Craig (ed.), *Routledge Encyclopedia of Philosophy*. Disponível em: <http://www.rep.routledge.com.article/N049>. Acesso em: 31 maio 2006.

A Miller (2005) "Realism", *The Stanford Encyclopedia of Philosophy (Edição Outono 2005)*, Edward N. Zalta (ed.). Disponível em: <http://plato.stanford.edu/archives/fall2005/entries/realism>. Acesso em: 31 maio 2006.

B. Taylor (1998, 2004) "Dummett, Michael Anthony Eardley", *Routledge Encyclopedia of Philosophy*. Disponível em: <http://www.rep.routledge.com.article/DD083>. Acesso em: 31 maio 2006.

Glossário

a priori
   Designa o modo pelo qual uma sentença ou enunciado é conhecido. Uma sentença é conhecida *a priori* somente se compreendê-la é suficiente para conhecer o seu valor de verdade. "Todos os solteiros são homens" é conhecida *a priori*; "a água ferve a 100 graus Celsius" não o é. Embora conexa, a noção de *a priori* deveria ser distinguida das noções de necessidade e analiticidade (verdade em virtude do significado). O conhecimento que não é *a priori* é *a posteriori* ou empírico.

abstrato
   Essa palavra tem muitos e diferentes significados, mas dois são importantes para os nossos propósitos. Quando os filósofos descrevem universais ou números como objetos abstratos, eles entendem abstrato no sentido de algo que não está no espaço ou no tempo. Quando os teóricos dos tropos descrevem tropos como particulares abstratos, eles entendem abstrato no sentido de "fino" e "difuso". O tropo da vermelhidão de uma bola de bilhar não é concebido como existindo fora do tempo e do espaço.

acidental/essencial
   Essa distinção deriva de Aristóteles. As propriedades dos objetos podem ser divididas entre aquelas que são essenciais e aquelas que são acidentais. Se F é uma propriedade acidental de x, então, embora x seja F, x poderia não ser F. Em contrapartida, se G é uma propriedade essencial de x, então x não poderia ser senão G. No jargão dos mundos possíveis, se F é uma propriedade de x, existem mundos possíveis nos quais x existe, mas não é F; se G é uma propriedade essencial de x, não existe nenhum mundo possível no qual x existe, mas não é G. William V. Quine tentou

desacreditar essa distinção, chamando-a de "invejosa". (Ver o artigo de Quine intitulado "Reference and Modality", em seu *From a Logical Point of View*. New York: Harper & Row, 1963.)

alegações causais gerais

São alegações causais relativas a tipos de eventos ou ocorrências. Assim, "HIV causa AIDS" é um exemplo de uma alegação causal geral. Eu posso declarar essa sentença sem ter nenhuma pessoa particular em mente.

alegações causais singulares

São alegações causais que relatam eventos particulares não-repetíveis. Assim, "o ataque frenético de Mary causou a morte de Bill" é um exemplo de uma alegação causal singular.

analítico

Diz-se que uma sentença é analítica quanto ela é verdadeira (ou falsa) exclusivamente em virtude do significado. Exemplos incluem "todos os solteiros são homens", "todas as solteiras são mulheres", "todos os triângulos têm três lados". Uma sentença não-analítica ou sintética é verdadeira (ou falsa) em virtude do seu significado e dos fatos do mundo. Exemplos incluem "todos os solteiros usam calças compridas", "todas as solteiras são miseráveis", "triângulos são os meus objetos geométricos favoritos". Em seu famoso artigo de 1952 intitulado "Dois Dogmas do Empirismo", o filósofo de Harvard William. V. Quine questionou a origem e a significação da distinção analítico/sintético. (O artigo está reimpresso em sua coleção *From a Logical Point of View*.)

antecedente

Em um condicional da forma "se P, então Q", P é o antecedente (e Q é o conseqüente).

behaviorismo

Existem muitas variedades de behaviorismo, mas a idéia central é a de que a mente pode ser reduzida ao (identificada com o) comportamento ou às disposições para comportar-se de uma ou de outra maneira, sendo que o comportamento é entendido em termos não-mentalísticos. Entretanto, tal identificação viola um dado do senso comum, a saber, que estados e eventos mentais causam comportamentos e disposições para comportar-se de uma ou de outra maneira. Se uma coceira causa o comportamento de me coçar, ela não pode ser identificada com esse comportamento de coçar (pois nada causa a si mesmo). Além disso, o behaviorismo descreve mal o modo como nós conhecemos nossos próprios estados mentais. Eu sei que eu tenho uma coceira porque a tenho, e não por observar o meu comportamento.

cadeias causais

Cadeias causais são uma possibilidade exótica. Se a viagem ao passado é possível, um homem poderia viajar ao passado, engravidar uma mulher e, assim, ser o seu próprio pai. A existência do homem formaria uma cadeia causal. Cada evento da cadeia é causado por outro evento na cadeia, embora a existência da cadeia inteira não seja causada.

condicional

Um condicional é qualquer sentença do tipo "se P, então Q", onde P é o antecedente e Q é o conseqüente.

condicional contrafactual

Um condicional contrafactual é um condicional que tem um antecedente falso e enuncia o que teria sido o caso se o antecedente fosse verdadeiro. Sendo assim, eu posso não atirar um tijolo na janela, mas, ainda assim, podemos dizer verdadeiramente: se eu tivesse atirado um tijolo na janela, a janela teria se quebrado. Todos nós usamos e entendemos contrafactuais, mas não há muito debate acerca da sua lógica subjacente.

condicional indicativo

Um condicional indicativo é diferente de um condicional contrafactual. Ele meramente enuncia o que acontecerá ou aconteceu dada a verdade de alguma condição antecedente. Assim, "se Bill vem à festa, então haverá uma cena" e "se existem pegadas na areia, então Fred esteve aqui a noite passada" são ambos condicionais indicativos.

condicional material

A expressão "condicional material" é um termo lógico técnico, representado por "$\rightarrow$". Uma sentença "$P \rightarrow Q$" é falsa somente no caso de P ser verdadeira e Q falsa; de outro modo, ela é verdadeira. Em outras palavras, "$P \rightarrow Q$" é equivalente a "não-P ou Q". É indiscutível que condicionais contrafactuais não são materiais. (Se eles fossem, todos os contrafactuais seriam verdadeiros, o que eles não são.) Algumas pessoas pensam que condicionais indicativos são condicionais materiais. Porém, isso é discutível. É um condicional indicativo da língua portuguesa comum verdadeiro sempre que seu antecedente for falso? A sentença "se $2 + 2 = 5$, então eu sou chinês" é verdadeira?

condições necessárias e suficientes

Tradicionalmente, o objetivo da análise conceitual tem sido a produção de condições necessárias e suficientes para a aplicação de algum conceito. O exemplo mais famoso é a análise que Platão fez do conhecimento como crença verdadeira e justificada (*Teeteto*, 201c-210d). Supôs-se que os conceitos de crença, verdade e justificação poderiam ser entendidos independentemente do conceito de conhecimento. A análise pretende, assim, fornecer uma análise redutiva do conceito de conhecimento.

conexões de valor de verdade

Conexões de valor de verdade ocorrem sempre que duas linguagens ou modos de falar estão sistematicamente relacionados. Por exemplo, declarações na primeira e na terceira pessoa estão sistematicamente relacionadas. "Eu sou calvo", dito pela pessoa X, é verdadeira se e somente se "X é calvo", declarado por outra pessoa que não X, for verdadeira. Ou, ainda, "hoje está chovendo", declarado no dia 1º, é verdadeiro se e somente se "ontem estava chovendo" declarada no dia 2 é verdadeira. Note-se que a equivalência em termos de valor de verdade é necessária. Não é uma coincidência que os pares de declarações tenham o mesmo valor de verdade.

contingente

Uma sentença é contingente se ela é verdadeira em algumas circunstâncias possíveis (ou mundos possíveis) e falsa em outras. Assim, "choveu em Edimburgo em 1º de janeiro de 2006" é contingente: é verdadeira, mas poderia ser falsa. Uma sentença é não-contingente ou necessária se ela é ou verdadeira em todas as circunstâncias possíveis ou falsa em todas as circunstância possíveis. Alguns teóricos também falam de seres contingentes (tais como você e eu) e seres necessários (tais como Deus ou o número 2).

contraposição

Todo condicional é logicamente equivalente à sua contrapositiva. Isto é, "se p, então q" é equivalente a "se não-q, então não-p". (Note-se que "se p, então q" não é equivalente a "se não-p, então não-q".)

continuidade mental e/ou corpórea

Alguns filósofos pensam que a identidade de uma pessoa através do tempo pode ser entendida em termos de continuidade corpórea, enquanto outros preferem entender a identidade pessoal em termos de continuidade psicológica. Segundo a concepção corpórea, eu continuo a existir na exata medida em que meu corpo humano vivo continua a existir. Segundo a concepção psicológica, eu continuo a existir na exata medida em que meu fluxo de vida mental persiste (minhas crenças, memórias, esperanças, temores, etc.). Os defensores da concepção psicológica sustentam que sua concepção ajusta-se melhor ao nosso conceito de pessoa (isto é, ao conceito de uma certa espécie de ser psicológico).

empirista

Os filósofos empiristas clássicos foram Locke, Berkeley e Hume. O principal princípio do empirismo é que o conhecimento substancial ou o conhecimento do mundo pode ser obtido somente *via* os cinco sentidos.

A razão, de fato, pode produzir conhecimento (por exemplo, conhecimento das verdades *a priori* da lógica e da aritmética, mas esse conhecimento não é substancial). Os racionalistas sustentam que, pelo contrário, a razão pode produzir conhecimento do mundo. Um exemplo óbvio de um argumento racionalista é o argumento ontológico que tenta provar a existência de Deus apenas mediante a razão.

expressões espécime-reflexivas

A expressão "espécime-reflexivo" foi cunhada pelo filósofo da física alemão, Hans Reichenbach. Também chamados "indexicais", essas são palavras (tais como "eu", "você", "aqui", "ali", "agora", "hoje", "ontem", etc.) cuja referência, quando declarada, é determinada por fatores contextuais. Os fatores contextuais normalmente são pessoa ("eu", "você"), lugar ("aqui", "ali") e tempo ("agora", "hoje", "ontem"). No caso das declarações de "eu", aquele que declara é o fator contextual relevante; no caso de declarações de "aqui", o lugar da declaração é o fator contextual relevante, e assim por diante. Isso explica por que "eu" em minha boca refere-se a mim, mas "eu" em sua boca refere-se a você. Varie-se o contexto e o objeto de referência também varia.

estrutura lógica

O interesse moderno sobre a estrutura lógica das sentenças da linguagem natural foi estimulado pelo trabalho de Frege, Wittgenstein e Russell no final do século XIX e início do século XX. Alguns pensaram que a compreensão da estrutura lógica da linguagem revelaria a estrutura do mundo. Mesmo que essa esperança seja abandonada, ainda existe razão para manter-se o interesse por questões relativas à estrutura lógica. Ter clareza acerca da lógica da nossa linguagem pode ajudar-nos a evitar uma ontologia super-inflada (veja-se a crítica de Russell a Meinong) ou a explicar inferências que, de outra forma, são enigmáticas (por exemplo, "Bill correu velozmente" implica "Bill correu").

fundamental

Interessa-nos aqui "fundamental" tal como o termo ocorre em sentenças da forma "X é mais fundamental para Z do que Y". A forma comparativa "mais fundamental" não é usual. Em sua discussão, McTaggart não toma "essencial" por "fundamental". Ele parece querer dizer "essencial e completo". Assim, mesmo que X e Y sejam ambos essenciais para Z, X é mais fundamental se os fatos X esgotam os fatos Z, mas não os fatos Y. Nesse sentido é que McTaggart considera a série A é mais fundamental para o tempo do que a série B.

indeterminação

Segundo algumas teorias, os fenômenos quânticos são indeterminados. Ou seja, o que acontece uma vez em nível quântico pode não ser completamente determinado pelo que aconteceu em vezes anteriores. Um certo efeito pode ser apenas provável, mas não determinado. Considera-se que essa indeterminação seja uma conseqüência do princípio da incerteza de Werner Heisenberg.

identidade numérica

Este sentido de "identidade" é expresso em sentenças como "água é H2O", "o Superman é Clark Kent", "2 é a raiz quadrada positiva de 4". Cada uma dessas sentenças refere-se somente a uma entidade, variavelmente descrita ou nomeada. A identidade numérica está de acordo com a lei de Leibniz. Ou seja, se "A é B" expressa identidade numérica, então, tudo o que é verdadeiro de A é verdadeiro de B, e vice-versa.

identidade qualitativa

Este sentido de "identidade" é expresso em sentenças como "eles são gêmeos idênticos" e "nós dois dirigimos o mesmo carro", etc. A última sentença refere-se a dois carros, e não a um, ambos feitos pelo mesmo fabricante. A identidade qualitativa não está de acordo com a lei de Leibniz: se A e B são gêmeos idênticos, não é o caso em que tudo o que é verdadeiro de A é verdadeiro de B, e vice-versa. Por exemplo, os gêmeos diferem no momento exato do seu nascimento e em seus cursos espaciais subseqüentes.

indexical

Uma palavra é um indexical somente no caso de sua referência ser determinada (em parte) pelo contexto em que ocorre a sua declaração. Assim, uma declaração de "eu" é indexical, pois sua referência é determinada pela identidade daquele que a declara; uma declaração de "aqui" é indexical, porque sua referência é determinada pela localização de quem a declara. "Eu", "aqui" e "agora" são termos referenciais, já que têm a curiosa característica da imunidade ao fracasso referencial ou à referência enganosa.

leis da natureza

Um exemplo padrão de uma lei da natureza é: todos os metais se expandem quando aquecidos. Mas o que são leis da natureza? Alguns filósofos (os humeanos) pensam que elas são simplesmente regularidades bem-estabelecidas. Outros (os anti-humeanos) pensam que elas envolvem algum tipo de necessidade que explica as regularidades observadas. Uma lei genuína diz-nos o que *deve* ocorrer.

lei de Leibniz

Lei da lógica que diz que, se A é idêntico a B, então toda propriedade de A é uma propriedade de B, e vice-versa. Essa foi por vezes enunciada sem referência a propriedades, do seguinte modo: se A é B, então tudo o que é verdadeiro de A é verdadeiro de B, e vice-versa. Essa lei deve ser distinguida do princípio da identidade dos indiscerníveis: se A e B compartilham todas as suas propriedades, então A é B.

logicamente necessário

Para todas as proposições P e Q, diz-se que P é logicamente necessária para Q somente no caso de ser logicamente impossível que Q seja verdadeira e P falsa (ou seja, somente no caso de Q implicar P). Se P é necessário para Q, Q é suficiente para P. É logicamente impossível que Q seja verdadeira e P falsa apenas se a conjunção (Q e não-P) é contraditória. Teístas que advogam a resposta dos 'males necessários' para o problema do mal sustentam que uma conjunção desse tipo (benevolência sem sofrimento) é contraditória.

modal

Relativo a possibilidade e necessidade. Sentenças modais são sentenças do tipo: possivelmente P, necessariamente P, A poderia ter sido F, A é necessariamente G, B não pode ser G, etc. Afirmações modais têm forças diferentes, dependendo da modalidade em questão. Assim, "Eu não posso levantar este carro" refere-se à impossibilidade física (a ação de levantar o carro é incompatível com fatos acerca da minha natureza física e das leis da natureza). "Eu não posso levantar e não levantar este carro" refere-se à impossibilidade lógica (a simultaneidade das ações de levantar e não levantar o carro é incompatível com as leis da lógica). Existem ainda outras modalidades (por exemplo, legal: "você não pode estacionar aí"). Note-se também que nós podemos distinguir entre sentenças modais *de dicto* e sentenças modais *de re*. Na sentença *de dicto* "necessariamente 2 + 2 = 4", a necessidade é predicada de uma sentença ou proposição. Na sentença *de re* "Sócrates é necessariamente humano", a humanidade necessária ou essencial é predicada de um objeto não-proposicional (Sócrates).

mudanças de McTaggart

São as mudanças que os objetos sofrem simplesmente em virtude da passagem do tempo (por exemplo, ficar uma hora mais velho). Shoemaker pretende desconsiderar essas mudanças, pois, de outro modo, o tempo sem mudança seria, por definição, impossível. Em nosso mundo, as mudanças de McTaggart não possuem nenhum poder causal, de sorte que, conforme um sentido de "mudança", elas não são mudanças genuínas.

nenhuma ação a uma distância temporal

Análogo temporal de "nenhuma ação a uma distância espacial". Abandonar o princípio temporal é sustentar que A em t1 pode causar B em t2 sem haver nenhum evento após t1 e antes de t2 suficiente para causar B. Exatamente como muitos acreditam que a ação a uma distância espacial é possível, Shoemaker pensa que a ação a uma distância temporal também é possível.

não-ramificado

Uma relação ramifica-se quando ela ocorre entre uma coisa e duas ou mais coisas posteriores. A fissão de uma ameba é um exemplo concreto de continuidade física de uma forma ramificada. A continuidade psicológica também pode dar-se de uma forma ramificada, como mostra o caso da "fissão". Visto que uma coisa não pode ser idêntica a duas coisas, alguns critérios de identidade estipulam que a identidade é obtida somente quando não existe nenhuma ramificação do tipo relevante.

onipotente

Considera-se que Deus é todo-poderoso ou onipotente, ou seja, Deus é capaz de realizar qualquer estado de coisas logicamente possível. Assim, não se coloca contra a onipotência de Deus o fato de que ele não pode fazer com que minha mesa seja simultaneamente redonda e quadrada, pois isso não é um estado de coisas logicamente possível. Alguns viram um paradoxo aqui: pode Deus criar uma pedra tão pesada que ele não possa levantá-la? Diga que "sim", e Deus parece não possuir a onipotência; diga "não", e, novamente, Deus parece não ser onipotente. Mas isso é um pseudoparadoxo. Não há nenhuma contradição na idéia de que um de nós crie uma pedra tão pesada que não possa levantá-la, mas a descrição dessa tarefa, como uma tarefa a ser realizada por um ser onipotente, é contraditória e, portanto, logicamente impossível. Logo, não se coloca contra a onipotência de Deus que ele não possa criar uma pedra tão pesada que não possa levantá-la.

onisciência

Tradicionalmente, considera-se que Deus tudo conhece. Ou seja, para qualquer proposição verdadeira p, Deus sabe que p. Alguns questionaram se isso pode estar correto. Se (como alguns acreditam) Deus está fora do tempo, pode ele saber que agora são 4 da tarde? Tal verdade não pode ser apreendida exceto por um ser que esteja no tempo? Ou, ainda, eu sei que estou cansado. Pode Deus apreender essa verdade, ou ela é somente apreensível por mim? As respostas a essas questões esperam por desenvolvimentos na filosofia da linguagem.

platonismo

Platão afirmava que as formas (as verdadeiras realidades) existem fora do espaço e do tempo. Ser um platônico em relação a algum conjunto de entidades é, portanto, afirmar que essas entidades existem fora do espaço e do tempo. (Como assinalado no Capítulo 9, Dummett defende uma perspectiva levemente diferente sobre a idéia que subjaz ao platonismo.)

projeção

Projetivismo em relação a uma propriedade F é a concepção segundo a qual consideramos erroneamente F uma propriedade das coisas no mundo externo, quando, de fato, ela é gerada pelas nossas próprias mentes e projetada sobre o mundo. Portanto, podemos descrever uma situação como assustadora, mas isso é tão-somente porque reagimos a ela de um certo modo. Outro exemplo: alguns filósofos pensam que o próprio mundo pode ser vago, mas isso parece uma projeção dos nossos próprios conceitos (vagos) sobre uma (precisa) realidade. Hume é a fonte clássica do projetivismo. Ele escreveu sobre "a propensão da mente a se desdobrar sobre os objetos externos" (*Tratado*, 1.3.14 para 24).

quantificadores

São palavras que nos dizem qual proporção ou quantidade de coisas tem uma certa propriedade. Assim, todas as respostas a seguir são respostas à questão "Quantos Fs são Gs?": alguns Fs são Gs; a maior parte dos Fs são Gs; muitos Fs são Gs; poucos Fs são Gs; pelo menos 24 Fs são Gs; nenhum F é G, etc. O desenvolvimento da lógica quantificacional por Frege no século XIX representou um importante avanço em relação aos sistemas de lógica anteriores.

redução

No debate sobre o tempo, o que significa dizer que verdades temporalizadas (formuladas no vocabulário da série A) podem ser reduzidas a verdades não-temporalizadas (formuladas no vocabulário da série B), ou que fatos temporalizados podem ser reduzidos a fatos não-temporalizados? Embora o teórico da série B possa admitir verdades e fatos temporalizados juntamente com verdades e fatos não-temporalizados, ele não pode considerá-las como tendo *status* igual. Portanto, embora seja verdade que a morte de Hitler é passado, e seja um fato que ela o é, isso ocorre porque todas as declarações contemporâneas de "a morte de Hitler é passado" são posteriores à morte de Hitler. Segundo a teoria B, verdades não-temporalizadas são últimas e irredutíveis; verdades temporalizadas são dependentes e elimináveis.

redutivo

Palavras como "redutivo" e "reducionismo" são termos de ofício dos filósofos, os quais têm vários significados diferentes. A idéia de Parfit é que nós somos reducionistas em relação a Fs se pensamos que a realidade não pode ser completamente descrita sem referência a Fs. Muitos são reducionistas, nesse sentido, em relação a entidades sociais como nações ou comitês. Assim, embora existam verdades acerca de comitês (por exemplo, "o comitê votou unanimemente a nomeação de Smith"), uma descrição da realidade que não se refere a comitês, mas somente às ações dos membros individuais, não pode omitir nenhuma verdade. Verdades acerca de comitês serão apreciadas pelas verdades acerca de indivíduos. Parfit pensa que nós devemos ser reducionistas com relação a pessoas. Verdades relativas a pessoas podem ser apreciadas por meio de verdades acerca de corpos e estados mentais.

se e somente se

Uma sentença do tipo "P se e somente se Q" equivale à conjunção "se P, então A e se A, então P" e, por isso, é verdadeira somente quando P e Q tem o mesmo valor de verdade.

ser necessário

Deus é tradicionalmente concebido como um ser necessário, ou seja, é impossível que ele não exista. Em termos de mundos possíveis, ele existe em todos os mundos possíveis. Alguns filósofos, por exemplo, Bertrand Russell, questionaram a coerência da expressão "ser necessário", mas em bases duvidosas.

substância

Esta noção, tal como é usada aqui, deriva de Aristóteles. Entidades concretas, e especialmente entidades biológicas (Platão, Sócrates, este cavalo, esta árvore, etc.), são as "substâncias primeiras" de Aristóteles. Se o mundo não contivesse nenhuma substância primeira, ele não conteria nada. "Substâncias segundas", tais como eqüinidade e vermelhidão, são substâncias dependentes. Se não existisse nenhum cavalo ou nenhuma coisa vermelha, a eqüinidade e a vermelhidão não existiriam. Isso ajuda a explicar o desacordo de Aristóteles com Platão acerca da natureza dos universais.

resposta "sim ou não"

Há algumas questões que não recebem uma resposta "sim ou não". Por exemplo, se perguntamos "Ele é calvo?" a respeito de um homem que tem algum cabelo em sua cabeça, mas não muito, essa questão não pode receber nenhuma resposta. Uma característica importante das questões que não podem ter uma resposta "sim ou não" é que nenhuma informação factual adicional nos habilitaria a respondê-las. A falta de qualquer resposta definitiva é o resultado dos nossos conceitos, e não do mundo. Parfit pensa que algumas questões referentes à identidade pessoal não podem ter uma resposta "sim ou não".

Notas

1 Deus

1 Anselmo *Proslogion II* in *St Anselm's Proslogion,* M. Charlesworth (ed.). Oxford: Oxford University Press, 1965, p. 116. Tradução para o inglês de W. Mann "The Ontological Presuppositions of the Ontological Argument", *Review of Metaphysics,* 26, 1972, p. 260-261.

2 Gaunilo, "On Behalf of the Fool" in *St. Anselm's Proslogion,* p. 163-165.

3 "Must God Exist?" in *Philosophy in the Open.* Milton Keynes: Open University Press, 1978, p. 115.

4 Ibid., p. 119-120.

5 Ibid., p. 115.

6 Ver S. Kripke, *Naming and Necessity.* Oxford: Basil Blackwell, 1980.

7 Essa falácia deveria ser distinguida da falácia da divisão, a saber, inferir que cada membro de uma totalidade possui uma propriedade porque a totalidade a possui.

8 A conclusão de que a causa do universo encontra-se fora do universo por si só não implica que a causa do universo seja um ser necessário. Contudo, proponentes do argumento cosmológico geralmente assumem que qualquer coisa que exista fora do universo é um ser necessário.

9 Ver a discussão do realismo modal de David Lewis no Capítulo 2.

10 Isso não é uma contradição. Que algo tenha sempre existido não implica nada acerca do seu *status* modal (ou seja, se é necessário ou contingente). Objetos contingentes eternos são, de fato, difíceis de encontrar, mas a categoria é coerente.

11 W. Paley, *Natural Theology,* F. Ferre (ed.). New York: Bobbs-Merrill Co. Inc., 1963, p. 1-2.

12 Ibid., p. 2.

13 D. Hume, *Dialogues Concerning Natural Religion*, N. Kemp Smith (ed.). London: Nelson, p. 168.

14 Ibid., p. 167.

15 É por vezes sugerido que, embora um homem possa sofrer sobre a Terra, ele tem uma alma imortal e gozará de infinita felicidade após a vida. Mas tal resposta é realmente uma resposta ao argumento do mal? Como ela pode justificar o sofrimento terreno?

16 Aqui eu estou em débito com o excelente artigo de J.L. Mackie "Evil and Omnipotence", *Mind*, v. 64, 1955, p. 200-212.

17 O realista modal não aceitaria essa formulação. (Ver Capítulo 2.)

2 Existência

1 Eu aqui ignoro a questão de saber se objetos passados e futuros existem. (Ver Capítulo 5).

2 D. Lewis, *On the Plurality of Worlds*. Oxford: Basil Blackwell, 1986, p. 2-3.

3 Essa é uma fonte de possível objeção. Lewis exclui, por definição, a possibilidade de que um único mundo possa conter duas ou mais regiões espaço-temporalmente desconectadas. Poder-se-ia pensar que essa questão não deveria ser decidida por *fiat*.

4 Ibid., p. 73.

5 D. Parfit, "The Puzzle of Reality: Why Does the Universe Exist?", reimpresso em P. van Inwagen e D. Zimmerman (eds.). *Metaphysics: The Big Questions*. Oxford: Basil Blackwell, 1998, p. 419. (O artigo de Parfit é seguido de uma proveitosa resposta de R. Swinburne, p. 427-429.)

6 Parfit, op. cit., p. 419-420.

7 S. Kripke, *Naming and Necessity*. Oxford: Basil Blackwell, 1980, p. 45, n. 13. [N. de T.: Há tradução para o espanhol do arigo de Kripke: Kripke, S. EP Nombrar y la necesidad. México, Universidad Nacional Autónoma de México, 1995, Trad. Margarita M. Vades.]

8 C. McGinn, *Logical Properties*. Oxford: Oxford University Press, 2000, p. 16.

9 Bertrand Russell, "Descriptions", em sua *Introduction of Mathematical Philosophy*. New York: Simon & Schuster, 1961, p. 169.

10 O artigo de B. Russell está reimpresso em seu *Logic and Knowledge*. London: Unwin Hyman Ltd, 1956, p. 39-57.

11 Portando, para Russell, "fracasso referencial" é um oxímoro. Se um termo singular gramatical pode ser significativo na ausência do seu objeto, então ele não é um termo referencial. Por essa razão, Russell concluiu que descrições definidas e nomes próprios comuns não eram termos referenciais.

12 Ver Kripke, op. cit., especialmente as Lições I e II.

13 Segundo essa concepção, a existência é uma propriedade, mas de conceitos, não de objetos. Assim, o conceito "George Bush" tem a propriedade de ser instanciado.

14 A.J. Ayer, *Language, Truth and Logic*. Harmondsworth: Penguin, 1976, p. 58.

15 Ou, pelo menos, um problema para alguém que rejeita a concepção segundo a qual nomes próprios tais como "Super-homem" são descrições disfarçadas. Na teoria que interpreta nomes como descrições, criticada por Kripke, "Super-homem não existe" é traduzido por "~∃xFx", onde "F" é uma descrição associada a "Super-homem". Essa tradução não é nem contraditória e nem requer o não-existente para ser verdadeira.

16 Além disso, a concepção quantificacional parece estar em melhor posição para lidar com sentenças existenciais gerais, como "tigres existem". Essa sentença é traduzida como "∃x (x é um tigre)", e declarações de "tigres existem" expressam o mesmo enunciado, independentemente de quantos tigres existem. Mas como a concepção tradicional entende "tigres existem"? O que exatamente se diz que possui a propriedade da existência? Presumivelmente, tanto a totalidade dos tigres quanto cada tigre individualmente. Seja como for, isso parece implicar que uma declaração de "tigres existem" expressaria um enunciado diferente se existissem menos tigres.

3 Universais e particulares

1 Universais são com freqüência distinguidos de particulares por sua capacidade de "estar completamente presentes em dois ou mais lugares ao mesmo tempo". Mas isso não pode ser completamente correto se há particulares que existem fora do espaço e do tempo. Conforme algumas concepções, os números estão fora do espaço e do tempo e instanciam universais; por exemplo, cada número par instancia o universal *paridade*. Contudo, *paridade* não está completamente presente em dois lugares ao mesmo tempo, pois os números não existem no tempo e no espaço. Essa consideração mostra que os conceitos de "instanciação múltipla" e de "localização múltipla" não são o mesmo conceito.

2 Se é obscuro como um particular instancia um universal, é ainda mais obscuro como um universal de ordem mais baixa instancia um universal de primeira ordem (como *vermelhidão* instancia *cor*). Há uma única noção de instanciação em ambos os casos?

3 Falar de estados de coisas não é uma *façon de parler*. Um realista de propriedades tradicional concebe o estado de coisas em que A é F como um acréscimo à ontologia, além da existência de A e F. Algo mais é requerido para A ser F do que para somente A e F: um mundo pode conter A e F e, ainda assim, não conter A é F, pois A não é F nesse mundo, embora outras coisas o sejam. E, pela mesma razão, o algo mais que é requerido não é outra entidade, por exemplo, correspondente ao "é" da instanciação. (Ver

D.M.Armstrong, *Truth and Truthmakers*. Cambridge: Cambridge University Press, 2004,Capítulo 4.)

4 B. Russell, *Human Knowledge, its Scope and Limits*. New York: Simon & Schuster, 1948. Reimpresso em *Metaphysics: The Big Questions*, P. Van Inwagen e D. Zimmerman. (eds.). Oxford: Basil Blackwell, 1999, p. 54.

5 Ibid., p. 57.

6 B. Russell, *The Problems of Philosophy*. Oxford: Oxford University Press, 1978, p. 55.

7 Aqui "abstrato" não significa "fora do espaço e do tempo", mas "fino", "sutil" e "difuso". Ver D.C. Williams, "On the Elements of Being: 1", in D.H. Mellor e A. Oliver (eds.), *Properties*. Oxford: Oxford University Press, 1997, p. 115. Ver também K. Campbell, *Abstract Particulars*. Oxford: Basil Blackwell, 1990.

8 Williams, op. cit., p. 116.

4 Causação

1 Ver, por exemplo "Causal Relations", reimpresso em seus *Essays on Actions and Events*. Oxford: Oxford University Press, 1985, p. 149-62.

2 D.H. Mellor, *The facts of Causation*. London: Routledge, 1995.

3 Ibid., p. 132.

4 Uma relação R é reflexiva somente se: necessariamente para qualquer objeto a, aRa. Uma relação é simétrica somente se: necessariamente para quaisquer objetos a e b, se aRb, então bRa. Uma relação é transitiva somente se: necessariamente para quaisquer objetos a, b e c, se aRb e bRc, então aRc. A relação "é tão grande quanto", por exemplo, é reflexiva, simétrica e transitiva. Necessariamente: qualquer objeto é tão grande quanto ele próprio; se a é tão grande quanto b, b é tão grande quanto a; e se a é tão grande quanto b, e b é tão grande quanto c, então a é tão grande quanto c. A relação "ama" não é – ai de nós! – nem reflexiva, nem simétrica e nem transitiva.

5 O exemplo é devido a Ned Hall. Ver "Causation and the Price of Transitivity", *Journal of Philosophy*, v. 97, p. 198-222, 2000.

6 J.S. Mill, *A System of Logic*. New York: Harper & Brothers, 1846, p. 198.

7 D. Lewis, "Causation", reimpresso em seus *Philosophical Papers* Vol. II. Oxford: Oxford University Press, 1986, p. 162. A posição de Lewis aqui está de acordo com a sua teoria contrafactual da causação: onde existe dependência contrafactual existe causação.

8 D. Hume, *A Treatise Concerning Human Nature*, in A. J. Ayer e R. Winch (eds.), *British Empirical Philosophers*. London: Routledge, 1965, p. 359. [N. de T.: Há tradução para o português: Hume, D. *Tratado da Natureza Humana*, São Paulo. Editora Unesp, 2000, trad. Déborah Danowski.]

9 Ibid., p. 359.

10 D. Hume, *An Enquiry Concerning Human Understanding*, L.A. Selby-Bigge (ed.). Oxford: Oxford University Press, 1962, p. 74. [N. de T.: Há tradução para o português: Hume, D. *Investigação sobre o entendimento humano*. São Paulo, Nova Cultural, 1999, Col. Os Pensadores. Trad. Anoar Aiex.]

11 Ibid., p. 74-75.

12 Ibid., p. 75.

13 Ibid., p. 76.

14 T. Reid, *Essays on the Active Powers of the Human Mind*, Baruch A. Brody (ed.). Cambridge, Mass.: MIT Press, 1969, p. 334.

15 Ver G.E.M. Anscombe, "Causality and Determination", e C.J. Ducasse, "On the Nature and the Observability of the Causal Relation", ambos reimpressos em E. Sosa e M. Tooley (eds.), *Causation*. Oxford: Oxford University Press, 1993, p. 88-104 e p. 125-136, respectivamente.

16 Anscombe, op. cit., p. 92.

17 Essa objeção é devida a R. Taylor. Ver seu *Metaphysics*. Englewood Cliffs, NJ: Prentice Hall, 1992, Capítulo 10.

18 Hume, *Enquiry*, p. 76.

19 Ver D. Lewis, op. cit.

20 A sobredeterminação deve ser distinguida de um caso em que duas pessoas juntas produzem um certo efeito, mas o efeito não teria se seguido se cada uma das pessoas não tivesse agido como elas agiram. Em tal caso, compreendemos como D e E juntos causam F, embora D não tenha causado F e E não tenha causado F. D não causou F porque D não era suficiente, por si só, para causar F. Porém, isso é precisamente o que não se pode dizer em um caso de sobredeterminação.

5 Tempo: a questão fundamental

1 J.M.E. McTaggart, "Time Is Not Real", reimpresso em R. C. Hoy e N. Oaklander (eds.), *Metaphysics: Classic and Contemporary Readings*. Belmont, Calif.: Wadsworth, 1991, p. 43-444.

2 Ibid., p. 45.

3 Ibid., p. 45.

4 Ibid., p. 45.

5 Citado em McTaggart, ibid., p. 45.

6 B. Russell, *Principles of Mathematics*. Cambridge: Cambridge University Press, segunda edição, Allen & Unwin, 1937, seção 442.

7 McTaggart, op. cit., p. 46

8 Ibid., p. 46.

9 Ibid., p. 48.

10 Ibid., p. 48.

11 Ibid., p. 49.
12 M. Dummett, "A Defence of McTaggart's Proof of the Unreality of Time", em seu *Truth and Other Enigmas*. Cambridge, Mass.: Harvard University Press, 1978, p. 351-358.
13 Ibid., p. 356.
14 Ibid., p. 357.
15 P. Horwich, *Asymmetries in Time: Problems in the Philosophy of Science*. Cambridge, Mass.: MIT Press, 1987, Capítulo 2.
16 Ibid., p. 22.
17 Ibid., p. 22-23
18 Dummett, op. cit., p. 354.
19 McTaggart expõe e critica a visão de Broad: McTaggart, op. cit., p. 49-51.
20 A visão de Broad parece preferível ao presenteísmo. Ambas as concepções concordam que o futuro é irreal, mas o presenteísmo sustenta que também o passado é irreal. Mas o que significa afirmar que o passado é irreal? Não pode simplesmente equivaler a negar a tese segundo a qual eventos passados estão acontecendo agora, pois ninguém sustenta essa tese. Deve ser, então, a negação da tese de que o passado foi real. Porém, isso é contra-intuitivo, pois concordamos que, por exemplo, Sócrates bebeu cicuta, cuja verdade pressupõe que objetos passados foram reais.
21 Qualquer teoria que negue a realidade do futuro implica a falsidade do determinismo (ver Capítulo 7)? Também, com exceção do presenteísmo, as outras versões da teoria A (isto é, as versões – de Broad e de McTaggart – que afirmam a realidade do passado) parecem compatíveis com a alegação de que, por exemplo, agora é o ano 3008 e estamos vivendo no passado. Não é absurdo que uma teoria do tempo tenha que deixar isso em aberto como uma possibilidade?
22 Teoria da relatividade à parte, a absolutidade da simultaneidade nunca deveria ter sido considerada uma verdade necessária *a priori*. Michael Dummett fornece um bom exemplo: "Imagine que houvesse um *fog* permanente separando o Velho Mundo e o Novo e que nenhuma regularidade fosse detectável no tempo gasto para viajar de um para o outro: por vezes, somente uns poucos dias teriam passado no outro hemisfério, depois da última visita de um viajante aí, por vezes, muitos anos. Seria, então, absurdo perguntar o que teria acontecido em uma metade da Terra durante o mesmo tempo em que algo acontecia na outra; contudo, cada metade teria a sua própria história", M. Dummett, *Truth and the Past*. New York: Columbia University Press, 2004, p. 86. Compare a discussão de Dummett com o artigo de Anthony Quinton em "Spaces and Times", reimpresso em R. Le Poidevin e M. MacBeath (eds.), *The Philosophy of Time*. Oxford: Oxford University Press, 1993, p. 203-221. Note-se que essa relatividade parece compatível com a idéia de que cada hemisfério

tem seu próprio *agora* (isto é, essa realidade não contradiz diretamente a teoria A).

6 Tempo: três enigmas

1 A.N. Prior, "Thank Goodness That's Over", *Philosophy,* v. 34, p. 17, 1959.
2 H. Mellor, *Real Time.* Cambridge: Cambridge University Press, 1985, p. 48.
3 See D. Parfit, *Reasons and Persons.* Oxford: Oxford University Press, 1986, Capítulo 8.
4 Isso não é perguntar se poderia existir um mundo possível no qual o tempo passa e nada nunca acontece. Estamos perguntando se em um mundo no qual muitas coisas acontecem poderia haver um período (por menor que fosse) durante o qual nada acontecesse.
5 S. Shoemaker, "Time without Change", reimpresso em R. Le Poidevin e M. Macbeath (eds.), *The Philosophy of Time.* Oxford: Oxford University Press, 1993, p. 63-79.
6 Aristóteles, *Física,* Livro 4, Capítulo 11, 218b.
7 Shoemaker, op. cit., p. 67.
8 Supondo que a lei que governa esse universo não é que congelamentos ocorrem como observado, salvo que "todas as três regiões deixam de congelar a cada 59 anos" (Shoemaker, op. cit., p. 72). Contudo, parece ser justificável acreditar na lei mais simples na qual que não há lugar para a exceção.
9 Shoemaker, op. cit., p. 75.
10 D. Lewis, "The Paradoxes of Time Travel", *American Philosophical Quarterly,* v. 13, n. 1, p. 145-152, 1976.
11 Ibid., p. 145.
12 Ibid., p. 146. Há mesmo possibilidades mais exóticas. "Uma quantidade infinita de tempo pessoal pode ser comprimida em dois minutos de tempo externo. Durante o primeiro minuto, o pseudo-imortal vive o primeiro dia de sua vida. Durante o meio minuto posterior, o pseudo-imortal vive o segundo dia. Durante o quarto de minuto seguinte, um terceiro dia passa. Como existem infinitas junções em sua seqüência, o pseudo-imortal desfrutará de infinitos dias de tempo pessoal" (R. Sorenson, "The Cheated God: Death and Personal Time", *Analysis,* v. 65, n. 2, p. 122-123, 2005).
13 Lewis, op. cit., p. 146-147.
14 Um argumento que poderia representar um problema é aquele que fala de um viajante instantâneo do tempo, por exemplo, alguém que viaja ao passado até 1900, mas não gasta nenhuma quantidade de tempo pessoal para fazê-lo. A "linha do mundo" dessa pessoa é descontínua, e não contínua. Contudo, nós poderíamos – apelando para fatores causais – justificar a alegação de que a pessoa que parte no ano de 2006 é a mesma que chega

em 1900, e não uma mera duplicata. Se as características mentais e físicas da pessoa que chega a 1900 foram causadas pelos seus estados em 2008, então pode ser jusficado falar da mesma pessoa.

15 Ibid., p. 148.
16 Ibid., p. 148-149.
17 Ibid., p. 149. Para algumas reflexões interessantes sobre cadeias causais, ver R. Hanley, "No End in Sight: Causal Loops in Philosophy, Physics and Fiction", *Synthese*, v. 141, p. 123-152, 2004.
18 Ibid., p. 149.
19 Ibid., p. 149.
20 Ibid., p. 150.

7 Livre-arbítrio

1 D. Lewis, "The Paradoxes of Time Travel", *American Philosophical Quarterly*, v. 13, n. 1, p. 151, 1976.
2 Por exemplo, E. Craig, "Fatalism" in E. Craig (ed.) *Routledge Encyclopedia of Philosophy.* London: Routledge, 1998.
3 M. Dummett, "Bringing about the Past", em seu *Truth and Other Enigmas.* Cambridge, Mass.: Harvard University Press, 1978, p. 339.
4 Ibid., p. 338. Esse argumento pretende mostrar a irracionalidade da prece retrospectiva, mesmo que Deus exista e a causação retroativa seja possível.
5 Assim chamado depois da famosa discussão de Aristóteles em *De Interpretatione,* C.W.A. Whitaker (ed.). Oxford: Oxford University Press, 2002, Livro 9, Seções 18a-19b.
6 Ao pressupor o "futuro aberto", a solução aristotélica pressupõe a falsidade do determinismo.
7 A.J. Ayer, "Fatalism", em seu *The Concept of a Person.* London: Macmilian, 1963, p. 252-253.
8 S. Cahn, "Fatalism", in J. Kim e E. Sosa (eds.), A *Companion to Metaphysics.* Oxford: Basil Blackwell, 1995, p. 169.
9 Alguns consideram que o problema mais difícil diz respeito às condições da responsabilidade moral. Segundo uma concepção, primeiramente decidimos o que é para um agente ser considerado como moralmente responsável e, depois, elaboramos uma noção de livre-arbítrio que se ajuste a isso. Em seu ensaio fundamental "Freedom and Resentment" (in *Freedom and Resentment and Other Essays,* London: Methuen, 1974), P.F. Strawson aborda a nossa prática de considerar pessoas responsáveis e outras práticas conexas, concluindo que tais práticas não se valem de qualquer condição externa (tal como determinismo ou indeterminismo) para sua legitimação.
10 H. Frankfurt, "Moral Responsibility and Alternate Possibilities", *Journal of Philosophy,* v. 66, p. 829-839, 1969.

11 É claro, esse não é o fim da história. Pode-se questionar se a concepção compatibilista do livre-arbítrio é realmente uma concepção do livre-arbítrio. O compatibilista reconhece que minhas crenças e meus desejos presentes foram causados (determinados) por eventos precedentes, os quais, por sua vez, foram causados por eventos mais antigos, e assim por diante, remontando a eventos anteriores ao meu nascimento. Como, então, posso eu conceber "minhas" crenças e desejos como meus?

12 Se o livre-arbítrio é impossível, ele não é compatível com nada (*a fortiori*, ele não é compatível com o determinismo).

13 G. Strawson, *Freedom and Belief*. Oxford: Oxford University Press, 1986. Ver também seu artigo "The Impossibility of Moral Responsibility", *Philosophical Studies*, v. 75, 1994, p. 5-24.

14 J.G. Fichte, *The Vocation of Man*, R. Chisholm (ed.). New York: The Liberal Arts Press, 1956, p. 27.

15 Note-se que a verdade ou a falsidade do determinismo é irrelevante para esse argumento.

8 Identidade pessoal

1 Ver J. Butler, 'Of Personal Identity", reimpresso em J. Perry (ed.), *Personal Identity*. Los Angeles, Calif.: University of Califórnia Press, 1975; T. Reid, *Essays on the Intellectual Powers of Man*, A. Woozley (ed.). London: Macmillan, 1941, e R. Swinburne, "Personal Identity: The Dualist Theory", in S. Shoemaker e R. Swinburne, *Personal Identity*. Oxford: Basil Blackwell, 1984.

2 Ver D. Parfit, "Personal Identity", reimpresso em J. Glover (ed.), *The Philosophy of Mind*. Oxford: Oxford University Press, 1976, p. 142-163; e *Reasons and Persons*. Oxford: Oxford University Press, Part III.

3 J. Locke, *Essay Concerning Human Understanding*, W. Carroll (ed.). Bristol: Thoemmes, 1990, II, xxvii, 9.

4 Ver, por exemplo, R. Descartes, *Meditations on First Philosophy*, J. Cottingham (ed.). Cambridge; Cambridge University Press, 1996.

5 David Hume, A *Treatise of Human Nature* (1739), Parte IV, Seção IV: Of Personal Identity. Reimpresso em A.J. Ayer e R. Winch (eds.) *British Empirical Philosophers*. London: Routledge & Kegan Paul, 1965, p. 490.

6 *Grosso modo*, F é uma substância categorial se ela nos diz o que fundamental ou essencialmente alguma coisa é. Se x se inclui sob a substância categorial F, então x é fundamentalmente F. Em contraste, G é um aspecto categorial se x se inclui, ou poderia ser incluído sob G, no que diz respeito a uma parte, mas não ao todo da sua existência. Portanto, "professor", "filósofo" e "uniciclista" são exemplos indiscutíveis de aspectos categoriais. Exemplos relativamente indiscutíveis de substância categoriais são "escrivaninha", "carro", "barco", "árvore", "cachorro", etc. Ver D. Wiggins, *Sameness and Substance*. Oxford: Basil Blackwell, 1980, p. 62-66.

7 Para uma defesa dessa concepção, ver P. Snowdon, "Persons, Animals and Ourselves", in *The Person and the Human Mind*, C. Gill (ed.). Oxford: Clarendon Press, 1990, e E. Olson, *The Human Animal*. Oxford: Oxford University Press, 1997.

8 Por exemplo, X em t1 é o mesmo cérebro que Y em t2 se e somente se uma linha contínua pode ser traçada através do espaço e do tempo, de X em t1 a Y em t2.

9 Ou seja, se A é psicologicamente contínuo com B, e B é psicologicamente contínuo com C, então A é psicologicamente contínuo com C. Mas A pode estar fortemente conectado psicologicamente a B, e B com C, e, todavia, A não ser fortemente conectado psicologicamente com C (por exemplo, memórias apagadas pelo tempo).

10 S. Shoemaker, *Self-Knowledge and Self-Identity*. Ithaca, NY: Cornell University Press, 1963, p. 23-24.

11 Muitos de nós não têm hemisférios equipolentes ou funcionalmente equivalentes, mas poderíamos ter. Pretende-se que o critério do cérebro e o critério psicológico sejam aplicados a todas as pessoas, incluindo aquelas que possuem hemisférios equipolentes.

12 A transitividade da identidade diz que se X = Y e Y = Z então X = Z.

13 Ver D. Lewis, "Survival and Identity", reimpresso em *The Identities of Persons*, A.O. Rorty (ed.). Los Angeles, Calif.: University of California Press, 1969, p. 17-41; e H. Noonan, *Personal Identity*. London: Routledge, 2003, p. 139-143.

14 Parfit, "Personal Identity", op. cit., p. 149.

15 Há outras objeções ao (a todas as versões do) critério do cérebro. Como enunciado antes, o conceito de uma pessoa é o conceito de uma espécie relativamente sofisticada de ser mental. Portanto, os prospectos não são promissores para qualquer teoria que compreenda a identidade pessoal através do tempo em termos da existência continuada de uma entidade que não é essencialmente mental (como um corpo, um cérebro ou um ser humano). Segundo, a única razão para que o cérebro seja considerado como essencial para a identidade pessoal é que ele sustenta a continuidade psicológica. Nesse caso, sua importância é inteiramente derivativa e não pode constituir a essência da identidade pessoal.

16 Parfit, "Personal Identity", op. cit., p. 149.

17 Ibid., p. 144.

18 Parfit pensa que essa combinação de teorias tem implicações significativas para a moralidade e a racionalidade. Por exemplo, ele pensa que, se a identidade não é o que importa, então o fato da "separação das pessoas" tem menos profundidade. Isso, por sua vez, implicaria que menos peso deveria ser atribuído aos princípios distributivos. Nossa meta deveria ser maximizar a soma total dos benefícios sobre os custos, qualquer que fosse

a sua distribuição. Além disso, se a conexão psicológica é parte do que importa, uma pessoa pode merecer menos punição quanto menos ela esteja psicologicamente conectada ao seu eu criminoso precedente (por exemplo, se ele realmente se reformou). No caso da racionalidade, Parfit pensa que, se a identidade não é o que importa, então o princípio do auto-interesse (de acordo com o qual é "especialmente racional agir em nosso próprio melhor interesse") "não tem qualquer força" ("Personal Identity", op. cit., p. 161).

19 T. Reid, *Essays on the Intellectual Powers of Man*, A. Woozley (ed.). London: Macmillian, 1941, citado em Noonan, op. cit., p. 16.

20 Ver também sua discussão com Godfrey Vesey, "Brain Transplants and Personal Identity", in *Philosophy in the Open*. Milton Keynes: Open University Press, 1978.

21 Parfit, "Personal Identity", op. cit., p. 146. Seu exemplo, no artigo de 1971, de um caso em que uma questão de identidade pessoal não recebe uma resposta do tipo "sim ou não" é o da fissão. Mas, como vimos, esse pode não ter sido o melhor exemplo para o propósito em questão. De fato, a fissão desempenha uma função muito mais importante em minar a crença sobre a importância da identidade pessoal.

22 Note-se que a indeterminação refere-se ao valor de verdade de sentenças ou enunciados de identidade pessoal. Eu penso que Gareth Evans ("Can There Be Vague Objects?" *Analysis*, v. 38, p. 208, 1978) mostrou que a relação de identidade em si mesma nunca é fonte de vagueza ou indeterminação. Toda vagueza em uma sentença de identidade deve-se à vagueza em um ou em ambos os seus termos singulares (o que é vago é a qual objeto o termo se refere).

23 B. Williams, "The Self and the Future" em sua coleção *Problems of the Self*. Cambridge: Cambridge University Press, 1982, p. 46-64, especialmente p. 58-63.

24 Ibid., p. 58.

25 Ibid., p. 61.

26 A expressão "sombra conceitual" deve-se a Williams, ibid., p. 60.

27 Ibid., p. 63.

9 Realismo e anti-realismo

1 A condição (ii) permite-nos ser realistas acerca de trens, aviões e automóveis. Apesar do fato de que eles não teriam existido se nós não tivéssemos existido, se deixássemos de existir, eles, no entanto, continuariam a existir. A condição (iii) permite-nos ser realistas acerca de estados mentais. Embora seja verdadeiro que, se eu não existisse, meus estados mentais não existiriam, e verdadeiro que, se eu deixasse de existir, meus estados mentais deixariam de existir, a natureza dos meus estados mentais não é fixada por

nada que eu considere que a sua natureza seja. Porque nós podemos estar errados sobre a natureza dos nossos estados mentais, o realismo sobre estados mentais ainda é uma opção.

2 De acordo com uma teoria do erro sobre Fs, não existem quaisquer Fs e, portanto, enunciados sobre Fs são falsos (estão em erro). De acordo com o expressivismo sobre Fs, sentenças declarativas que contêm o termo "F" não são usadas para fazer enunciados, mas têm alguma outra função (por exemplo, expressar atitudes ou emoções). O expressivista geralmente concorda com o teórico do erro quanto à tese de que não existem quaisquer Fs.

3 M.A.E. Dummett, "Realism" and "The Reality of the Past", em sua coleção *Truth and Other Enigmas.* Cambridge, Mass.: Harvard University Press, 1978, p. 145-165 e p. 358-374.

4 "Realism", op. cit., p. 146.

5 Ibid., p. 146.

6 6 Ibid., p. 147.

7 Ibid., p. 155. A lei do terceiro excluído diz que, para todo P, ou P ou não-P. Essa lei é distinta do princípio da bivalência (segundo o qual todos os enunciados em uma dada área são verdadeiros ou falsos), embora esteja a ele relacionada. É o último que se constitui no alvo primário do anti-realista.

8 Ibid., p. 146.

9 Embora Dummett pretenda resolver problemas metafísicos, o anti-realista geralmente tem em vista uma classe de enunciados como "disputada" em bases epistêmicas. É porque o nosso acesso epistêmico a, por exemplo, objetos materiais, outras mentes e o passado é supostamente "indireto" que enunciados sobre esses domínios são considerados problemáticos (em contraste, por exemplo, com enunciados sobre dados dos sentidos, comportamento e vestígios presentes). Além disso, Dummett supõe que enunciados sobre a experiência sensível podem ser entendidos sem referência a objetos materiais e que enunciados sobre o comportamento humano podem ser entendidos sem referência a estados mentais. Ambas as suposições são controversas e, possivelmente, falsas. Ver J. Cook, "Human Beings", in P. Winch (ed.), *Studies in the Philosophy of Wittgenstein.* New York: Routledge, 1969, p. 117-151; e J. McDowell, "Criteria, Defeasibility and Knowledge", in J. Dancy (ed.), *Perceptual Knowledge.* Oxford: Oxford University Press, 1988, p. 209-219.

10 'Realism", op. cit., p. 148.

11 Ibid., p. 148.

12 Ibid., p. 150.

13 Ibid., p. 150.

14 "The Reality of the Past" op. cit., p. 363.

15 "Realism", op. cit., p. 162.

16 "The Reality of the Past", op. cit., p. 362.

17 Ibid., p. 362.

18 Ao criticar o argumento a favor do anti-realismo, eu não estou pressupondo o princípio de bivalência. Muitas sentenças (por exemplo, vagas e ambíguas) não são nem verdadeiras nem falsas. O que está em questão é o argumento anti-realista que rejeita a bivalência.

19 Ver A.J. Ayer, *Language, Truth and Logic*. Harmondsworth: Penguin, 1976.

20 Há, é claro, muito mais a ser dito. Eu não posso fazer melhor do que remeter o leitor interessado a três artigos de Alex Miller, que revelam em detalhe as falhas e falácias do argumento do anti-realismo. Ver seu "The Significance of Semantic Realism", *Synthese*, v. 36, pp. 191-217, 2003. "What is the Manifestation Argument?", *Pacific Philosophical Quarterly*, v. 83, pp. 352-383, 2002; e "What is the Acquisition Argument?" in A. Barber (ed.), *Epistemology of Language*. Oxford: Oxford University Press, 2003, p. 459-494.

21 F. Fitch, "A Logical Analysis of Some Value Concepts", *The Journal of Symbolic Logic*, v. 28, pp. 135-142, 1963.

22 Um enunciado "ϕ" é factivo se e somente se "ϕp" implica "p".

23 Ver, por exemplo, D. Edgington, "The Paradox of Knowability", *Mind*, v. 94, pp. 557-568, 1985.

24 Por exemplo, não poderia Deus nos ter criado com poderes mentais incríveis, capazes de apreender toda a verdade sobre o universo, consistentemente com a nossa escolha livre de não investigar cada assunto? Essa possibilidade aparente é eliminada pela prova de Fitch.

25 Por exemplo, Crispin Wright explorou recentemente novos modos de combater a suposição realista segundo a qual um objeto de estudo se constitui independentemente de nós. Ver o seu *Truth and Objectivity*. Cambridge, Mass.: Harvard University Press, 1992.

Índice

A

A, teoria 79-80, 90-91, 93,95-96, 100-101, 106-107
a priori 15, 28-29, 70-71, 90-91, 109-110, 119-120, 155-156
abstrato 50-51, 59-60, 64-65
algo/nada 34-37, 39-40
almas 50-51, 79-80, 130-131, 142-143
analiticidade 21-23
animalismo 130-131, 133-134
Anscombe, E. 72-74, 76-77
anti-realismo 145-146
   definição 146-149
   estudos de caso 148-154
   motivação 153-156
Aquino, S. Tomás de 16-17, 20-22, 50-51
argumento do desígnio
   ver desígnio, argumento do

Aristóteles 21-22, 23-24, 49-51, 53-54, 97-99, 114-116
   autoconsciência 129-131
   autodeterminação 122-124
   auto-interesse, teoria 129-130
   autopredicação 53-54
   autopreocupação 138-141
   auto-suficiência 22-24
Ayer, A. J. 44-46, 116-117, 154-156
avô, paradoxo 104-107

B

B, teoria 79-84, 87-91, 93-96, 100-101, 106-107
behaviorismo 150-152
Berkeley, G. 20-21, 63-64, 145-146
Bradley, F.C. 79-80
Brentano, F. 40-41

Broad, D.C. 89-90, 106-107
Butler, J. 129-131, 139-141

C

Cahn, S. 116-119
Campbell, K. 59-60
causação 63-72, 90-91, 99-100
  cadeias 65, 93-94, 103-105
  contrafactual, teoria 74-76
  livre-arbítrio 119-120, 121-124
  necessidade 70-72, 76-77
  observabilidade 73-81
  regularidade, teoria da 71-75
  simples, teoria 75-78
  simultâneo 75
  singular 63-65
causação retroativa 65, 70-73, 90-91, 93-94, 103-104
causa, definição 71-72
Clarke, S. 129-130
classe, nominalismo de 49, 56-58
compatibilismo 111-112, 118-119, 121-124
composição, falácia da 23-24
co-presença 55-56
conceito, nominalismo de 56-57
condicionais 68, 74-75, 100-101, 114-116, 148-150
conhecimento 76-77, 89-91, 116-119, 142-143, 157-159
contigüidade 69-71
contingência 15, 20-21, 24-25
Copleston, F. 20-21, 23-24
cosmológico, argumento 15, 20-21, 24-25
cosmologia 23-24, 50-51, 98-99
contrafactuais, condicionais 37-38, 68, 71-72, 74-77, 100-101, 115-116, 148-152
contrapartida, teoria da 38-39
criação 15-16, 24-26, 36-37
critérios de identidade 128-129

D

Darwin, C. 25-27
Davidson, D. 64-65
Descartes, R. 16-17, 130-131
descrições, teoria das 41-47
desígnio, argumento do 16, 24-26
determinismo 28-29, 109-112, 118-124
Deus 15-16, 36-38, 104-105, 109-111
  argumento cosmológico 20-21, 24-25
  argumento do mal 26-31
  argumento ontológico 16-17, 20-21
  argumento teleológico 24-27
  livre-arbítrio 116-120
dualismo 120-121, 131-132
Ducasse, C. 72-73
Dummett, M.A.E. 86-91, 113-114, 145-150, 152-155, 158-159

E

Empirismo 15-16, 20-21, 63-64, 68, 90-91, 109-110, 119-120, 154-156
erro, teorias do 145
espécime-reflexivas, expressões 88-89
eventos 64-76, 79-86
  tempo 89-91, 100-101

evolucionária, teoria 25-27, 36-37
excluído, terceiro 147-148
existência 33-34, 44-47
   mundo 34-38
   objetos não-existentes 39-45
   realismo modal 37-40
existenciais, negativas 45-46
externas, relações 50-51

F

Fabricante de relógios, argumento do 24-26
fatos 64-65, 83-84, 87-90, 94-96
fatalismo 28-29, 109-117, 123-124
feixe, teoria do 54-56, 61-62
Fichte, J.G. 122-124
fissão 133-138, 142-143
Fitch, F.B. 157-159
formas, teoria das 50-51, 53-54
Frankfurt, H. 121-124
   coerência 122-124
   determinismo 118-120
   fatalismo 110-117
   incompatibilismo 119-124
   livre-arbítrio 28-29, 109-112, 116-124
   teologia 116-119
Frege, G. 86-87
futuro 79-83, 85-91, 93-96
   anti-realismo 150-152
   livre-arbítrio 110-117
   viagem através do tempo 101-107

G

Gaunilo 18-21
Geach, P.T. 73-74
gerais, termos 52-53
generalização 66-67, 72-73, 77-78, 95-96, 112-113
Goldbach, conjetura de 153-155

H

Hobbes, T. 118-120
Horwich, P. 86-89
Hume, D. 20-21, 24-26, 63-65
   causação 68-77
   identidade pessoal 130-132
   livre-arbítrio 118-120, 122-124
   tempo 97-98

I

Idealismo 41-42, 79-80, 145-147
identidade 42-43, 101-102, 127-128, 138-141
   critérios 128-129
impressões 69-70
incompatibilismo 118-124
independente, descrição do observador 87-89
indeterminismo 72-73, 109-112, 141-142
indexicais 90-91
indicativos, condicionais 115-116
individuais, substâncias 50-51, 54-55
infinito regresso 53-55, 59-61, 123-124
incognoscíveis, verdades 157-158
instanciação 50-51, 53-55, 57-58, 59-62
intenção 138-139, 148-149
intencionalidade 40-41

internas, relações 50-51

K

Kant, I. 16-17, 30-31
Kreisel, G. 146-147
Kripke, S. 22-23, 38-39, 44-45

L

leis da natureza 63-64, 66-67, 77-78, 100-101, 111-112, 119-121
Leibniz, lei de 127-128
Leverrier, J. 45-46
Lewis, D. 33-37, 39-40, 46-47
   causação 65-66-67, 74-75
   identidade pessoal 134-136
   livre-arbítrio 112-113
   tempo 93, 100-101, 105-106
libertarismo 111-112, 118-121
Locke, J. 20-21, 63-64, 129-131, 155-156
lógico, positivismo 154-156

M

mal 15-16, 26-27-30-31
materiais, condicionais 163
McGinn, C. 40
Meinong, A. 40
Mellor, H. 65
memória 51, 104, 132-134, 139-141, 148, 164
Mill, J.S. 66
modal, realismo 33-40, 46-47
Moore, G.E. 41-42
moral, responsabilidade 28-29, 109-112, 119-124, 129-130

mudança 81-82, 85-86, 87-88, 89-90, 93-94
   definição 82-84, 97-98
   tempo 95-96, 100-101, 104-107
múltipla existência, teoria da 38-39
múltipla ocupação, resposta da 134-136, 142-143
mundos, hipótese dos múltiplos 37

N

natural, seleção 26-27
natureza, ver leis da natureza
necessário, ser 15, 21-23
necessários, males 27-28
necessidade 68-72, 75-78
   livre-arbítrio 116-117, 119-120
   não-analítica 22-23
Newton, I. 25-26, 119-120
nominalismo 49, 55-62, 146-147
não-analíticas, necessidades 22-23
não-existentes, objetos 33, 39-47
não-ramificada, continuidade 136-137, 142-143
não-redutiva, análise 128-129
não-simétricas, relações 65
Noonan, H. 134-136
numérica, identidade 52-54, 127-128

O

objetos 49-51, 55-56, 59-62
   causação 64-65, 68, 71-72, 74-75
   mudança 82-83
onipotência 15, 26-28, 30-31
onisciência 15, 26-27, 30-31, 116-117, 157-158
ontológico, argumento 15-23

P

Paley, W. 24-27
Parfit, D. 36-38, 95-96, 128-134, 136-137, 141-142
paródia, argumentos da 20-21
parte-todo, relação 59-62
particulares 49
  feixe, teoria do 54-56
  nominalismo 55-62
  propriedades, realismo 50-55
  passado 79-83, 85-91, 93-96
  anti-realismo 145-154
  livre-arbítrio 110-119
  tempo, viagem através do 101-107
persistência 128-129, 131-136
pessoas
  categorias, aspectos 131
  complexa, teoria 131-139
  definição 129-132
  identidade de 127-130
  persistência 131-136
  simples, teoria 139-143
Platão 49, 53-54
platonismo 146-147
possibilidade, princípio da 157-159
possíveis, mundos 22-23, 25-27, 100-101, 118-119, 132-133
predicado, nominalismo de 49, 56-57
predicação 28-31, 61-62, 148-149
preempção, casos de 75-76
presente 82-83, 85-89, 93-96
presentismo 89-90, 106-107
Prior, A.N. 93-95, 100-101, 106-107
privada, linguagem 86-87
projetivismo 69-70, 71-72
propriedades 49-62, 82-84, 88-89
propriedades, realismo de 44-47, 49-55, 59-62
proposições 82-84, 94-95, 110-111, 155-156

Q

qualitativa, identidade 53-54, 142-143
quantificadores 38-39, 42-47
quântica, teoria 33-34, 72-73, 119-120
quasi-memória 139-141

R

racionalismo 20-21
realismo 100-101, 145-159
  definição 146-147
  disputa 146-149
  estudos de caso 148-154
reducionismo 130-132, 138-139, 147-149
redutiva, análise 128-129, 131-133
referência 33, 40-41, 46-47, 52-53
  sistema de 90-91
  teoria da 50-53
regresso, ver infinito regresso
regularidade, teoria da 68-77, 119-120, 122-124
Reid, T. 72-73, 128-129, 139-141
reificação 18-19
relações 49-51, 59-61, 68
  assimétricas 65
  identidade 136-137
  reflexivas 65
  simétricas 65

tempo 81-82, 88-89, 94-95, 100-102
transitivas 65
Rousseau, J-J. 63-64
Russell, B. 20-21, 23-24, 28-31, 46-47
   existência 46-47
   paradoxo 41-42
   tempo 79-84
   universais 49, 54-58, 61-62

S

S. Anselmo 16-18
Shoemaker, S. 81-82, 93, 97-101, 106-107, 132-133
significado 33, 40-41, 44-47
   anti-realismo 145-148, 153-156, 158-159
   universais 50-53
singulares, termos 29-30
singularismo 72-75
Smith, A. 63-64
sobredeterminação 75-76
Sócrates 50-54
   algo/nada 23-24, 39-40
   almas 50-51, 79-80, 130-131, 142-143
   espaço ver espaço-temporalidade
   teoria da relatividade espacial 90-91
   estóicos 24-25
Stout, G.F. 59-60
Strawson, G. 69-70, 109-110, 118-119, 122-124
Strawson, P.F. 122-124
sujeito – predicado 54-56
substância 49, 54-56, 59-61
   categorias 130-131
Swinburne, R. 128-129

T

teleológico, argumento 15-16, 24-27
   fatalismo teológico 109-111, 116-119
   fatos temporalizados 93-96
teologia 16-17, 24-25, 50-51, 129-130
Teoria A 79-91, 93-96, 100-101, 106-107
Teoria B 79-84, 87-91, 93-96, 100-101, 106-107
terceiro homem, argumento do 53-54
   sem mudança 95-101
   tempo: teorias A/B 79-90
   viagem 93-94, 100-107
transitivas, relações 65
tropos, teoria dos 49, 59-62

U

universalismo 72-74
universais 49-55, 146-147
   feixe, teoria do 54-56
   nominalismo 55-62
   propriedades, realismo de 50-55
universo 15, 21-26
   existência 33, 36-37

V

vazios, nomes 44-47, 52-53

W

Wells, H.G. 93-94
Wiggins, D. 130-131
Williams, B. 136-137, 141-143
Williams, D. 49, 59-60
Wittgenstein, L. 41-42, 73-74, 86-87